空海の行動と思想

上表文と願文の解読から

静　慈圓

法藏館

空海の行動と思想――上表文と願文の解読から◎　目　次

空海の行動と思想——上表文と願文の解読から

序論——各章の概略

弘法大師空海、この空海を学問として研究するということは、どのようなことなのであろうか。筆者が空海の研究を始めてより、三五年余経過した。この間、教理の方面から、また信仰の方面から、空海その人に近づくべく種々努力してきた。だが空海は、求めれば求めるほど、とてつもなく大きく広く深く、常に茫洋としていた。まさに空海という名前そのものが、空海の人間性を語っていた。

本書は、空海の思考を探り、かつ空海の動きをとらえて、空海とはいかなる思想をもった人間なのかを明らかにするものである。

以下、本書で論究する事項について、目次に従ってその論点を具体的に述べていきたい。

本書は、恵果より密教を継承した空海その人が、いかに行動していくのか、ということを問題とした。この問題の検討によって、空海の行動の中に人間としての空海をとらえたい。空海の行動は多岐にわたっている。そこで第一章では、天皇との関係、つまり儒教の社会体制の頂点にどのように接近し、また親交を作っていったか、そのために空海がどう動いたのか、について論じることとした。第二章は、密教の流布を実践としてどのように行っていったのか、ということに視点を当てる。第三章・第四章においては、つまり空海の密経思想とはいかなる思想体系なのか、を論じる。以上に示す各章の内容について、以下に視点を論じておきたい。

第一章　空海の上表文の構造とその特色

第一章では、嵯峨天皇・淳和天皇と空海の関係を述べたい。天皇との関係が最もよく表われているのは、空海自らが著述した「上表文」である。空海の「表」形式の文は、『性霊集』に一九通収められている。空海三六歳より五八歳において書かれており、内一五通は嵯峨天皇、四通は淳和天皇に宛てたものである。

第一節は、冒頭の表現について検討する。空海は文章の冒頭で、今の文章を献上するのは、勅命を拝したからであるとし、その動機について触れている。つまり自らの文章の権威づけをするのである。この冒頭の部分は、散文体である。次に、第二節で述べるのは、文章の初めの部分で、対句表現がみられる。ここでは、主張しようとする今の文章が、不変性をもつことを意義づけている。この部分では、中国の故事が巧みに用いられ、空海の素養が集約されており、空海の思考を覗くことができる。この部分の文章形式をみると、文の句端（句絶）に用いられる語が問題となる。つまり、「故能」、「是故」、「是以」等を検討すると、この部分の形式が上表文の中で定型したのは、四〇歳以後であることが明らかとなる。それ以前の文章では、空海自身定型としての意識はなかったといえる。

次に、第三節で問題としたのは、空海の上表文の特色の一つ、天子を讃歎する語句についてである。この部分の文章構造をみると、「伏惟　皇帝陛下　云々」の型がみられる。本文で検討しているように、この形式を用い始めるのは、空海四〇歳以後であることが明らかである。また天子を讃歎する内容は、次の方法によっている。讃歎の対象となるものは、天皇の容姿・衣服・宮殿といったものではなく、「徳」である。この徳をあらゆる方面から称讃していくのである。そして次の如く結論していく。天皇が具える「徳」は、「仁徳」であるという。その「仁徳」をもつ聖天子は、「仁道」によって国を治める。「仁道」による「仁政」ますます盛んである、と褒めていく。「仁政」であるがゆえに、天下泰平で四海安穏、春の風が万物を養う如きが、今の御世である。だから万民もこぞって帝を崇め慕うのである、となる。

右の内容をふまえて、文章が組み立てられる。またこの讃歎句型が定型化されるのは、空海四〇歳の時である、と結論づけられるのである。中国古典からの典故としては、やはり『文選』が圧倒的に多い。第四節では、空海が自らを卑下する表現を扱った。卑下の内容は、二つの型に分けることができる。第一は、自身の無力なことを謙遜する表現、第二は、嵯峨帝への文章で、書道に関して自らの未熟を恐縮する表現である。嵯峨帝との関係は、空海が三六歳の時に書いた文がその初めである。この文は、全文を謙遜のみによって書くといった徹底した書き方である。

謙遜の内容をまとめると、次の如くなる。朽枝の如くにつまらぬ私、大海の中に住むことを許されない屍の如き私、燕石魚目に等しい私、羊や犬の心と同じように劣り卑しい私、喧蛸の如くに微力な私、瓦礫のように無価値な私、草刈りや樵夫にも等しい下賤な私、死期も迫りきて残魂余命いくばくもなく老衰している私、これという徳行もなく才能とてもない私、鉛刀の如きつまらぬ素質の私、等である。

書を奉献する文には、中国で書法を学びきたったことを、強調する場合と謙遜する場合の二方面がある。書を謙遜する表現は、嵯峨帝との関係のみにみられ、淳和帝との間ではみられない。この表現を集約すれば次の如くである。筆道から遠のいているため、筆が思うように動かないが、天命は避けがたいから強いて書し奉る。書における技術が未熟でありまた非才なため、私の書は虎を描いて犬に見える程度である。立派な書を書きたいが、筆が悪いために思うように書けない。そのために新作の筆を研究考慮している。自分は珍奇だと思って奉献するものの、帝から見ればつまらぬものであろう、等となる。

以上の謙遜表現は、主として空海三六歳から四〇歳までの文中に集中して用いられている。この謙遜表現のなかに、空海が嵯峨帝に追従しようとしている姿を見出しうるのである。

第五節では、自身を謙遜し、また自らの能書を謙遜する空海が、何を生活軌範と考えていたかを探る。この問題についても、空海は端的に答えている。僧の本分は禅念観法に邁進することであるとするのが、空海の態度である。その観法のなかにあって、護国の修法を主張し、国家安穏を祈るとしているのである。

第六節では、入唐を主張するところに、上表文の特色の一つがあることを見出した。いずれも嵯峨帝への文中のみにみられる。内容は、唐土において真言の秘法を学んできたこと、書道を習学してきたことの二つを見出しうる。空海当時は、日本国がこぞって中国文化の摂取に懸命になっていた時である。また嵯峨天皇その人が、大陸文化への憧憬が強く、そこに空海を見出し、空海も天皇に接近していく。空海の上表文からは、この関係を明確に読み取ることができる。空海は唐朝のことを、「海西」「唐家」「在唐」の語で表現し、入唐したことを天皇にアピールする。そして唐土で、書道の口訣を聞き、用筆法を学び、飛白書等の雑体書を学んだことを主張するのである。書道の理論書である中国の『書論』を修得していることは明らかなことである。

右の入唐の記述は、嵯峨帝と関係をもつ最も初期において、集中的に使用されている。ここにも文章作成における空海の入念な配慮を窺うことができ、人間空海の一面を覗き見ることができるのである。

第七節では、願意と書止めと日付を明らかにする。この検索からも、空海の上表文が一定の形式に従っていることが明らかとなる。その例は、本文中に譲るところである。ただ一例すれば、「沙門空海誠惶誠恐謹言」の語句は、上表文の書止めである。この語句を空海が意識して用い始めたのは、四〇歳の時であると結論できるのである。

右に述べたことは、本文中で逐一検討するところである。上表文は、空海三六歳から五八歳の間に書かれているが、文章形式が定型化した時期は、弘仁四・五年（空海四〇・四一歳）と結論することができるのである。これ以後の空海の上表文は、その内容が天皇と対等の関係において書かれていくのである。また典故の問題としても、『文選』が圧倒的に多く、以下順次『荘子』『漢書』『史記』『尚書』『周易』『爾雅』『毛詩』等となっている。つまりこれらの古典の素養なしには、空海の文章は理解できないといいうるのである。

第二章　空海の願文の構造とその特色

空海の宗教行動の一つが、天皇との関係においてみられることは、第一章で論じた。だが空海の宗教活動を直接探る場合には、空海が自ら書いた願文が、量からみても第一等の資料であるといえる。したがって第二章では、願文を用いて、空海の宗教活動をみていきたい。空海の文章は、中国の古典と直接結びついていることは、再三述べてきた。願文においては、どうであろうか。あるとすれば、それはどのようなものであるのか。または空海自身の独創がみられるのか。これらのことを問題としながら、空海の宗教活動を明らかにしていきたい。

第一節では、空海の願文を論じる。空海の願文には、当時の日本の儒教体制の圧力を受けているようなところはない。むしろ空海の願文の内容が、儒教社会に大きく影響を与えている。空海の願文の特色は、次の如くである。一つは、仏事法要の内容が多いことである。二つには、願文の内容に、造像・図絵・写経等を行なうことが書かれている。三つには、仏事法要を行なうに際して、講経を行なうとの特色がある。以下これらについて検討しておく。

第一の仏事法要は、特に一周忌の法会が多い。その他三七日忌、七七日忌、三回忌、一三回忌等がある。この周忌の仏事法会に関連して、葬儀そのものも仏事法要として、ここに入れておく必要がある。「恵果和尚之碑」はその代表である。空海三三歳の文、入唐中の作といわれる。この碑文には、空海の宗教活動に結びつく、いくつかの重要事項がみられる。その第一は、悲嘆と追慕の表現である。第二には、恵果和尚から直接密教を受法したことと、帰国のことが述べられている点である。第三は、さらに具体的に、恵果から灌頂を受法したこと、つまり密教の正統なる法を継承したことを述べている点である。ここに帰国後の空海の宗教活動につながる基礎を見出しうるのである。

空海の最初の願文は、九州大宰府の次官である田中氏の、先妣の一周忌に際しての願文である。三四歳の時のもの。この願文の文体・内容表現は、共に他のすべての願文の基本となる性格をもっている。つまり空海の願文は、すでにこの時点で文章構造が完成していることが理解できるのである。

願文の文章構造は、次の如くなっている。文頭は、密教の仏の徳が深甚広大であることを讃歎する。次に、施主の人となりを明かし、また施主の対象とされる者の人となりを明かし、逝去の時は、哀悼の様相を述べる。次に、この法要がいつ行なわれたかの年月日と、供養の有様と願意を述べる。次に、仏の加護を説き、文末に回向を述べる。

次に、法会の施主・目的等を検討する。これによって、空海と接した人たちの範囲を見ることができる。まず同一人物のために何通か書いた願文がある。淳和天皇に関しては四通、笠の仲守に関しては四通、藤原賀能に関しては四通みられる。これらの人は、特に空海と入魂の間柄であったといえよう。他に氏族のものとしては、葛木・三島・菅野・和気・清原・荒城氏関係のものがみられる。その他に、空海が施主となっているもの、空海以外の僧が施主となっているもの等がある。

次に、法要が誰の菩提を弔うためになされるのかを検討する。師・弟子・父・母・妻・子供・兄弟等があるが、両親に対する年忌が圧倒的に多い。これは当時の社会において孝の問題が重視されていることと、関係していると考えてよいであろう。

次に、空海の宗教活動のなかで、造像・図絵・写経・講演がなされているが、特に写経が重視されているのに気づく。写経は、『法華経』『大日経』が多く、他に『理趣経』『金剛般若経』『大般若経』『仁王護国経』『華厳経』がある。

以上、空海の願文を検討した。この検討によって、宗教活動としての密教流布に、空海が心を砕いた跡を、理解することができるのである。

第三章　空海教学における横竪と機根

第一章・第二章においては、空海がいかなる方法で宗教活動を展開したかを検討した。この論証によって、生身の人間としての空海の思考・行動、そして宗教家としての密教宣布のあり方を、明らかにしえたと考える。

それでは、その空海が覚証した密教思想とは、どのような思想なのか。第三章・第四章は、この点について触れていきたい。

空海の思想を探っていくと、その基本的な思考として「横竪」「機根」という問題が見出せる。

横竪とは、自らが覚証した覚りを、説明する方法である。この説明の基本は、「竪差別、横平等」として、覚りを説明していく。たとえば、『十住心論』には、「竪には十重の浅深を顕わし、横には塵数の広多を示す」とある。これによると十住心思想は、次の如くなる。すなわち竪の義とは、闇より明に向かって漸次に求上する次第のことである。これは第一住心より第十住心に至る十種の過程にあたる。これに対し横の義とは、心の無量を知り、身の無量を知り、智の無量を知り、衆生の無量を知り、虚空の無量を知る、とある。また『声字実相義』では、色々な横竪の考え方が見出せる。竪三世に対し横十方、また竪は地獄・餓鬼等の十界横は一切平等とする。また竪随縁の差別に対し横法爾平等とする。これら横竪の例は、空海の他の宗教論文にも種々見出せるところである。

横竪の結論としては、竪としては、「十住心」「十界の差別」「四種法身」を問題として差別を論じているといえよう。この理を知れば、竪には浅・深、強・弱、迷・悟、顕・密等という差別があることが自然である、と知ることができるのである。これに対し横の義は、毘盧遮那法身の立場からの見方で、すべて一様に平等を見る見方である。

この竪と横の関係は、常に「横竪」として論じられている。そして一方のみを強調するのではなく、両者相互に相応して論じている。この横竪の理を覚証すること、これが覚りの境界であるとするのである。

機根とは、衆生の心に本来的に備わっていて、仏の教えに随って働き出す力のことである。機根ということで、空海が最も基本的な資料として取り上げているのは、『釈摩訶衍論』である。この機根を離れた境地を「果分」といい、仏自証の秘密の境界をいう。これに対し「因分」とは、仏自性の果分の世界を、因人に示さんがために説かれた教えである。だから因分の法門は、衆生の種々なる機根に随って説かれたものであるから、機根の大小によって、その法門にも異なりがみられるのである。つまり教法に浅深遅速があるのは、それぞれの機根に随順するからである、とするのである。これはまた「病に応じて薬を与える」というように、法を説くことを薬と関係させて説いていく。空海のいう病とは、心の病であり、薬とは教えがその病の薬となるということである。

この機根に応えて、因縁に随って大小の法を説くとする。これは先の横竪の項と関連させれば、「竪の義」にあたる。また機根を離れた果分の世界とは、「横の義」にあたる。以上によって、密教思想としての空海の思考の法則を知ることができるのである。

第四章　空海教学における因果論

第四章では、因果という立場から、空海が覚証した覚りとは何かを明らかにしていきたい。

空海の教学は、当時の仏教学をふまえて、その上に成り立った教えである。構築した教学は、空海独自の思想体系を形成しているが、その思想を生み出した基盤は、やはり一般仏教学の思想である。因果論においても同様のことがいえる。

一般に因果とは、修行の因によって覚りの果を得るとか、善因善果・悪因悪果とかいう。また時間的な関係（因果異時という）と空間的な関係（因果同時という）で説明されたりもする。しかし同じ原因であれば、必ず同じ結果が生ずるかという問題がある。そこで結果を生ぜしめる内的な直接の原因を「因」といい、外からこれを助ける間接の原因を「縁」といってこれを説明する。これらはごく一般的な因果の説明であるが、空海も以上のような一般論で因果の言葉を使用しているところが見出せるので、第一節では、このことについて触れておいた。

さて、空海の因果論を論ずるのに、最も基本となっているのは『釈摩訶衍論』である。『釈摩訶衍論』では、一切の仏教の法門を因と果に分けている。果分を不二摩訶衍といい、因人の者には理解できない世界であるとし、これを「果海の問答」とし、この境地を「性徳円満海」と名づける。これに対し、因分とは、果分の世界を因人に示さんがために説かれた教えであるとし、これを「因海の問答」とし、この境地を「修行種因海」と名づける。この因分の世界は、機根相応の境界であるから、機根に答えて、因縁に随って説かれる、と述べている。これが空海の因果論の基本となっている。

空海の因果論の意味づけを順次みていく。まず「縁」という問題がある。因果の問題における「縁」の意味を探ると、空海は「縁」という意味は、「縁」の一字ではなく「因縁」という単語で意味を出しているようである。空海は、この「因縁」という問題を重要事項として、特別に考えていることが理解できる。すなわち空海においては、この問題は『吽字義』の中に集中して述べられていることに気づく。ここに『吽字義』成立の根拠を見出しうるのである。『吽字義』で重要なことは、因縁より生じた法には、高下の差別・勝劣があり、これが無限に転々としていくことが強調されている点である。文中の訶字門によっていわんとするところは、因果の対立を超越した境地についてである。この境地が「因即法界、縁即法界、因縁所生の法即法界」として説かれているのである。

次に、空海においては、因縁の中「十二因縁」だけは、これを別に区分している。つまり十二因縁を縁覚と一致させ、第五抜業因種心にあてる。これは空海独自の位置づけ方である。

次に、因と果の関係である。この関係を検討すると、果とは、仏教でいう究極の覚り（仏果）そのものをさすとは結論づけられてはいない。つまり因と果の関係は、一回だけの関係ではない。因果の対立をとおして果がさらに次の果へ進む因となって、その矛盾を一層高い境地に進めるという運動・

発展の姿において、因果を順次にとらえていることが理解できるのである。

十住心の各住心においても、因果はこの方法で緻密に位置づけられていることが理解できる。つまり四家大乗（顕教）もこの立場でとらえており、果分不説と説くのが四家大乗であるとの結論となっている。空海のこの思考は、『釈摩訶衍論』にある因果二分の説明と一致するところである。特に十住心を説くなかでは、顕教の究極的立場である第九極無自性心を詳述している。すなわち第九住心は、先の住心（第八住心まで）の果であるが、これがまた第十住心の因となると結論している。

しかして、因果論の究極といえば、密教でいうところの果海に没入するまでの過程は、浅深・大小・権実等の差別として説くことができるが、没入してしまえば、それは証の境界であるから説法はない、とする因果論である。

以上、本論文で取り扱う、各章における問題とその解決について述べた。各章の論証は、本書において逐一検討していくところである。

最後に、本書の研究方法について、今一度まとめておきたい。

本書は、生身の人間としての空海その人をとらえようとした。しかし空海は、人間でもあり覚者でもあるので、容易にとらえがたかった。研究を進めていくと、宗教家として哲学者として、文学者として芸術家として等々、あらゆる方面に、空海その人が広がっていった。筆者は、本書において空海自身に接触せんとし、空海の声を聞こうとして、空海が著述した文献にそれを求めていった。その過程において、ある時は、文献捜査のなかで空海の声を聞いたとも思った。またある時は、宗教体験のなかで空海のいう三昧地の境地に触れたと感じた。

ここに、空海その人を、文章によって描き出せといわれるならば、空海を求めて広がった研究の糸を、今一度引き寄せて、整理しなければならない。その糸一本一本が、本書で示す例示の一つ一つであるといえよう。そしてこれが人間としての空海の神経線の一つ一つであるといえようか。複雑にからみ合う糸の相互の関係を整理すれば、本書の目次の如くならざるをえない。

一般に、空海の思想は数珠繋ぎであるといわれる。確かにこの表現は適切であろう。この考え方によると、空海の素養ということは、羅列することそのことが、空海そのものを描き出しているといえるのである。だが羅列するのみの方法では、論文としての体裁に欠けていることも確かである。よって本書では、中心項目を整理した上で、目次の如き内容に統括することとした。

空海は入唐をし（八〇四—八〇六）、その後帰朝して日本の儒教体制のなかへ入っていく。入唐後の空海の動きには、二つの方向がみられる。一つは、国家体制のなかで、自らが大成した密教をいかに宣布していくか、という動きである。これをみるには、空海当時の社会構成、つまり空海がその時代を動かしている人たちといかにかかわっていたかをみなければならない。空海の側からこの問題を明らかにするには、空海自身の書いた「上表文」と「願文」は、不可欠な資料となる。したがって第一章では、「上表文」を取り上げ、空海と天皇との関係を述べる。第二章では、「願文」を取り上げ、主として空海と皇族・朝臣・僧侶等との関係を述べる。これらを検討することによって、空海が密教宣布のためにどのような動きをしたかを明らかにする。

以上は、当時の社会に対しての人間関係の動きのなかで、空海が密教流布を試みようとした足跡である。

次に、空海は密教を大成するのであるが、その密教思想とはいったい何なのか、という問題を検討する。本書は、空海の思想論文の一つ一つについて、その思想を論じていくものではない。空海が著述した基本的な思想論文一つ一つを論究していくと、その全般にわたって流れている空海の思想を見出すことができる。そこで出てきた問題は、第三章で論ずる「横竪」と「機根」であり、第四章で論ずる「因果論」であった。

本書では、以上提示してきた諸問題について検討する。

第一章　空海の上表文の構造とその特色

はじめに

『性霊集』一〇巻に収められている空海の文章を、文体の上から分類すると、「表」「啓」「詩」「状」「碑」「願文」「表白」等に大別することができる。本章は、この内「表」形式の文章を検討し、その特色を見出そうとしたものである。

「表」の文体とは、『文選注』等によって明らかな如く、事の筋道を明白にして天子に告げる文のことである。(1) 六国および秦・漢時代は、君に献上する文を「上書」といった。漢・魏になると、すべて天子に献上する文を「表」といい、皇太子以下には、「啓」を使用することとなる。空海の文章で「表」形式として取り扱われるものもこれと同じである。天子つまり嵯峨・淳和両帝に奉献する上表文をさしている。

『性霊集』所収の「表」形式の文章は一九である。各文の「題名」は、便宜上後世の人が附加したものであろうが、『弘法大師全集』第三輯掲載の「題名」を用いて、これを年代順に列記すると次の如くである。(2)

『性霊集』所収の「表」形式の文章（『弘法大師全集』より）

表1 勅賜世說屛風書畢獻表
勅賜《ちょくし》の世説《せいせつ》の屛風《へいふう》書し畢《おわ》って献ずる表

表2 奉二爲國家一請二修法一表
国家の奉為《おんため》に修法せんと請う表

表3 書二劉希夷集一獻納表
劉希夷《りゅうきい》が集を書して献納する表

表4 書二劉廷芝集一奉獻表
劉廷芝《りゅうていし》が集を書して奉献する表

表5 獻二柑子一表
柑子《かんし》を献ずる表

表6 奉二獻筆一表
筆を奉献する表

表7 獻二襍文一表
襍文《ざつぶん》を献ずる表

表8　永忠和尚辭二少僧都一表

永忠《ようちゅう》和尚《かしょう》少僧都を辞する表

表9　爲二大德如寶一奉三謝恩二賜招提封戶一表

大徳如宝《だいとくにょほう》が為に招提《しょうだい》の封戸《ふこ》を恩賜《おんし》するを奉謝《ほうしゃ》する表

表10　獻二梵字幷雜文一表

梵字幷《なら》びに雑文を献ずる表

表11　請レ赦二元興寺僧中璟罪一表

元興寺《がんごうじ》の僧中璟《ちゅうけい》が罪を赦《ゆる》されんことを請う表

表12　於二紀伊國伊都郡高野峯一被レ請二乞入定處一表

紀伊《きい》の国伊都《くにいと》の郡《こおり》高野《たかの》の峯に於て入定《にゅうじょう》の処を請《う》け乞わせらるる表

表13　勅賜屛風書了卽獻表幷詩

勅賜《ちょくし》の屛風《へいふう》を書し了《お》えて即ち献ずるの表幷《なら》びに詩

表14　祈二誓弘仁天皇御厄一表

弘仁天皇の御厄《ぎょやく》を祈誓《きせい》する表

表15　奉レ賀二天長皇帝卽位一表

天長皇帝の即位を賀し奉る表

表16　辞二小僧都一表
小僧都を辞する表

表17　進二李邕眞蹟屛風一表
李邕《りよう》が真蹟の屛風を進《たてま》つる表

表18　奉レ造二東寺塔一材木曳運勸進表
東寺の塔を造り奉る材木を曳《ひ》き運ぶ勧進《かんじん》の表

表19　大僧都空海嬰レ疾上表辭レ職奏狀
大僧都空海 疾《やまい》に嬰《かか》って上表して職を辞する奏状

右に列記したものの内、嵯峨帝と関係のある文章をみると、**表1**・**表3**・**表4**・**表6**・**表13**・**表17**の六つは、書に関する書状である。**表7**・**表10**の二つは、勅を拝して雑文を献ずるものである。**表5**は、恒例によって柑子を宮中に献上することを記している。これらは、公文書というよりは、空海と嵯峨帝の親交を表す書状としての性格が強い。**表8**・**表9**は、空海が永忠・如宝両僧都の代筆をしたものである。嵯峨帝に奉進したものは、他に**表2**・**表11**・**表12**・**表14**の四つがみられる。

淳和帝と関係している文章は、**表15**・**表16**・**表18**・**表19**の四つである。これらの文章は、空海が嵯峨帝に献上したような親交的な内容のものは含まれていない。

さて、空海の「表」形式の文章は、文章構造の上からみて、またその文章内容から推して、どのような特色がみられるであろうか。結論的にいえば、空海の文章の内容構成は、必ずしも一定したものではないが、大約次のような順序で考えるのが妥当であろう。

一、書出しは、今の文章を献上するのは勅命を拝したからであるとし、その動機について触れる。

二、次に、文章の初めの部分において、中国の古典と関連させ、主張しようとする今の文章が、不変的な妥当性をもつことを意義づける。

三、天皇が高徳であるのを讃歎し、天皇の仁政によって天下泰平であることを謳歌する。

四、空海は、自分が実に無能であり、天皇が求める任に当らない旨を卑下し恐懼する。

五、入唐して真言の秘法を伝えたこと、筆論を大唐で学んで来たことを、時として必要に応じて文章の中に織り込む。

六、今の上表文を献上するにあたっての希望・願望を端的に言い表す。ついで、書止めと日付を明かす。

以下、右の順序に従って、「表」形式の文章構造を検討し、そこにみられる特色を明らかにする次第である。

第一節　冒頭の表現

「表」形式の文章は、文章の書出しにおいて、今の文が勅命に随って書きえて奉進するものであることを述べるのを原則とする。以下にその一三例を検討する。

●例1(3)**（表1）**

世說書屛風兩帖

右伏奉二今月三日大舍人山背豐繼奉宣進止一。令三空海書二世說屛風兩帖一。

世説《せいせつ》の書の屛風《へいふう》両帖

右伏して今月三日《みっかのひ》の大舎人《おおとねり》山背豊継《やましろのとよつぐ》が奉宣の進止を奉《うけたまわ》るに、空海をして世説の屛風両帖を書かせしむ。

右文は、劉義慶撰の『世説』の文を両帖の屛風に揮毫せよとの、嵯峨帝の勅命を蒙るによったことを記している。山背の豊継が、陛下から宣旨を承ったものである。典故とみられるものに、(4)「大舎人」は『職原』上巻に「大舎人寮。唐名宮闈局。掌二宮中監使事一。諸大夫五位任レ之」とある。「進止」は『石林燕語』に「進止猶レ言二進退一也」とある。

●例2（5）**（表3）**

劉希夷集四巻副レ本
右伏奉二小内記大伴氏上宣一書取奉進。

劉希《りゅうき》夷《い》が集四巻本《けんほん》を副《そ》えたり
右伏して小内記《しょうないき》大伴氏《おおともうじ》が上宣《じょうせん》を奉《うけたまわ》って書取して奉進す。

右文は、劉希夷の詩集四巻を書き終え、それに写本を添えて献納する上表文である。小内記大伴氏が、勅命を奉じて空海の所に来たと記す。典故とみられる典籍は、「劉希夷」は『唐才子伝』第一に、「内記」は『職原』上巻にみえる。

●例3（6）**（表4）**

牋紙上劉廷芝集四巻
右随二先日命一書得奉進。縁三山窟無二好筆一再三諮索闃然無レ應。弱翰強書。

牋紙《せんし》の上に劉廷芝《りゅうていし》が集四巻《けん》
右先日の命に随《したが》って書き得て奉進す。山窟に好筆無きに縁《よ》って、再三諮《とむ》らい索《もと》むるに闃然《げきぜん》として応無く、弱翰《じゃくかん》をもって強《し》いて書す。

右文は、今奉進する「劉廷芝集四巻」は、先日の勅命に随って書きえたことを記している。典故と考えられるものに、「牋紙」は『文選』序註、『説文』にみえる。「闃然」は『頭陀寺碑文』・『周易』

に、「弱翰」は『盧思道盧《カ》記室誄《カノ》序』（『盧武陽集』）にみえる。

●例4(7)**（表6）**

狸毛筆四管　眞書一 草書一 草書一 寫書一

右伏奉二昨日進止一。且敎三筆生坂井名清川造得奉進一。

狸毛《たたげ》の筆四管　真書一 草書一 行書一 写書一

右伏して昨日の進止を奉って、且つ筆生《ひっしょう》坂井名《さかいな》の清川《きよかわ》をして造り得て奉進せしむ。

右文は、献納筆四管は、進止をうけたので、筆工である坂井名清川に謹製させ奉進することを記している。典故としては、『法書苑』が考えられる。

●例5(8)**（表13）**

沙門空海言。去六月二十七日。主殿助布勢海。將二五彩呉綾錦縁五尺屏風四帖一到二山房一來。奉二宣聖旨一令三空海書二兩巻古今詩人秀句一者。忽奉二天命一驚悚難レ喩。

沙門空海言《もう》す。去《いん》じ六月二十七日、主殿助《とのものすけ》布勢海《ふせのあま》、五彩の呉《くれ》の綾《あや》錦の縁の五尺の屏風《へいふう》四帖を将って山房に到り来れり。聖旨を奉宣して空海をして両巻の古今詩人秀句を書かしむてへり。忽《たちま》ちに天命を奉《うけたまわ》って驚悚《きょうしょう》喩《たと》え難し。

右文は、屏風に両巻の古今の詩人の秀句を書くことの勅命を蒙ったことを記している。主殿助布勢海という者が、屏風四帖を持参して高雄の山房に尋ねてきてそれを告げた。典故としては、官職名は『職原』による。「呉綾」は『魯直詩カ』（『山谷集』第一三、借景亭詩ノ）、「屏風」は『釈名』・『梁簡文帝ノ答ル二瀟子一書』（『芸文』六九）、「古今詩人」は『唐書』芸文志第五〇にみえる。

●例6(9)**（表5）**

沙門空海言。乙訓寺有二数株柑橘樹一。依レ例交摘取來。

沙門空海言《もう》す。乙訓寺《おとくにでら》に数株の柑橘《かんきつ》の樹有り。例に依り交《まじ》え摘《ひろ》うて取り来たれり。

右文は、蜜柑を献上する恒例により、乙訓寺の柑橘を色々取りまぜ奉献することを明かす。典故としては、「柑」のことは『風土記』・『南方艸木状』下巻にみえる。

●例7(10)**（表8）**

沙門永忠謹言。去弘仁元年九月十七日詔書。以二永忠一爲二少僧都一。寵命自レ天載懐二感惕一誠惶誠恐。

沙門永忠《ようちゅう》謹んで言《もう》す。去《いん》し弘仁元年九月十七日の詔書に永忠を以て少僧都と為せり。寵命《ちょうめい》天よりす。戴《すなわ》ち感惕《かんてき》を懐《いだ》いて誠惶誠恐《せいこうせいきょう》。

右文は、かつて入唐留学僧であった永忠が、年老いたのを理由に少僧都の官を辞職したい旨の上表文の代筆を空海に依頼したものである。典故としては、「寵命」「自天」は『任彦升為二范メノ尚書カ一表』

（『文選』三八）・『鮑明放歌行』（『文選』二八）にみえる。

●例8(11)**（表9）**

沙門如寶言。伏蒙㆑恩㆓施招提寺封戸伍十烟㆒。

沙門如宝言《にょほうもう》す。伏して招提寺《しょうだいじ》の封戸《ふこ》伍十烟《ごじゅうえん》を恩施《おんせ》することを蒙《こうむ》る。

右文は、唐人である如宝が、招提寺に賜わった領地を恩賜するにあたって、感謝の奉答文を空海に請うて書いてもらったものである。

●例9(12)**（表10）**

伏奉㆓布勢海口勅㆒欣踊繕装。古今文字讃。右軍蘭亭碑。及梵字悉曇等書都一十巻。敢以奉進。

伏して布勢海《ふせのあま》が口勅を奉《うけたまわ》って欣踊繕装《きんようぜんそう》す。古今文字の讃、右軍が蘭亭《らんてい》の碑、及び梵字悉曇等の書都《すべ》て一十巻《けん》。敢《あ》えて以て奉進す。

空海の「上表文」では、書出しに勅命によって奉進することを書くのが普通であるが、この文では、文中にそれをもってきている。右文は、その箇所である。奉献せよとの口勅を拝して、梵字ならびに雑文を奉進するに至ったことを記している。文中に勅詔を示す書き方は、この一例だけである。

●**例10**(13)**（表7）**

急就章一巻　王昌齢集一巻　雑詩集四巻　朱書詩一巻　朱千乗詩一巻　雑文一巻　王智章詩一巻　讃一巻　詔勅一巻　譯經圖記一巻

右伏承二昨日進止一。随二探得一且奉進。所レ遺表啓等零在二他處一。今見令二人覓一。取來則馳奉。

急就章一巻《けん》　王昌齢が集一巻　雑詩《ざつ》集四巻　朱書が詩一巻　朱千乗が詩一巻　雑文一巻　王智章が詩一巻　讃一巻　詔勅《しょうちょく》一巻　訳経図記一巻

右伏して昨日の進止を承って、探り得るに随って且つ奉進す。遺《のこ》る所の表啓等は零《お》ちて他処に在り。今見《げん》に人をして覓《もと》めしむ。取り来らば則ち馳せ奉ぜん。

右文は、陛下の進止の目録に従って、急ぎ探索して奉進すると記している。

●**例11**(14)**（表14）**

沙門空海言。伏承二聖體乖豫一心神無レ主。

沙門空海言《もう》す。伏して聖体《せいたい》の乖予《かいよ》を承って心神主無し。

右文は、嵯峨天皇が不豫されたのを空海が憂懼して、平癒を祈誓して奉進することを明かしている。典故としては、「乖予」は『続日本紀』第一七に、「聖体」は『漢書』外戚伝に、「無主」は『劉琨《カ》勧進ノ表』（『文選』三七）にみえる。

●例12(15)（表16）

沙門空海言。去月十七日面奉二進止一。任二空海小《ママ》僧都一。殊私曲被忻悚交并。空海誠歡誠懼。

沙門空海言《もう》す。去《いん》じ月の十七日に面《まのあた》り進止を奉《うけたまわ》って、空海を小僧都に任ず。殊私《しゅし》曲げ被《こうむ》らしめて忻悚《きんしょう》交《こもごも》并《あわ》せたり。空海誠歡誠懼《せいかんせいく》す。

空海は、神泉苑における祈雨の勧賞によって、少僧都に補せられた。右文は、その厚遇に対して、忻喜にたえないが、任に当らないことを思うと畏れ入ることを記している。典故としては、『梁簡ノ文謝スル三勅ノタマフヲ賚二貂ノ坐褥席ヲ一啓』（『芸文』九五）にみえる。

●例13(16)（表19）

沙門空海言。空海從レ沐二恩澤一。竭レ力報レ國歲月既久。常願奮二蚊虻力一答二海嶽德一。然今去月盡日。惡瘡起レ體吉相不レ現。

沙門空海言《もう》す。空海恩沢《おんたく》に沐《ぼく》せしより、力を竭《つく》して国に報ずること歳月既に久し。常に願うらくは蚊虻《ぶんぼう》の力を奮って海岳の徳を答《たっ》せんと。然《しか》るに今去《いん》し月の尽日《つごもりのひ》、悪瘡体《あくしょうてい》に起って吉相現ぜず。

右文は、空海が疾に嬰って大僧都の職を辞する文である。微力である私は、国家に忠節を励んで年久しいが、その間天皇の恩徳に浴してきた。常に恩恵に報答しようと願っているものの、今悪瘡が体に起ってきたことを記す。典故としては、『謝霊運《カ》曇隆法師《ノ》誄』（『謝康楽集』第一・『広弘明集』三六）にみえる。

以上、一三例の「表」形式の文章の文頭を示した。**例1**より**例5**までは、嵯峨帝と空海が書道に関係し、取り交わした文章である。これら五例をみると、「奉宣の進止を奉る」「聖旨を奉宣する」のように、各文章共に勅命を拝して奉進するに至ったことが明記されている。**例9**・**例10**は、雑文を献ずるものであるが、書道関係の例と同じく、勅命であることを明示している。

また**例5**・**例6**・**例11**・**例12**・**例13**の冒頭は「沙門空海言」で始まる。**例7**は永忠の、**例8**は如宝の代筆をしたものであるが、この二例も共に「沙門空海言」の様式で書出している。書出しのこの語は、文脈の上で次に示す典故の問題とかかわっているので次の節と関連させて述べることとする。

ここで用いられる典故は、『文選』からの文例が最も多い。だが冒頭の性格上官職名を必要とするためであろうか、『職原』に限るところもある。文体は、いずれも散文体である。

第二節　集中した中国古典の使用法

空海の文章では、その初めの部分において、中国の故事を巧みに引用し、対句形式を用いてまとめている箇所がある。文章全体で主張する意味が、そこに凝縮して格調高く示された部分といってよい。その文例を示すと次の如くである。

●**例14**(17)**（表10）**

空海聞。　帝道感レ天則祕錄必顯。
　　　　　皇風動レ地則靈文聿興。
故能　　　龍卦龜文待二黄犧一以標レ用。
　　　　　鳳書虎字候二白姬一以呈レ體。

空海聞く。　帝道天を感ずるときは則ち秘録必ず顕れ、
　　　　　　皇風地を動ずるときは則ち霊文聿《つい》に興る。
故に能く　　龍《りゅう》卦《か》亀《き》文《ぶん》は黄犠《こうぎ》を待って以て用を標《あら》わし、

鳳書《ほうしょ》虎字《こじ》は白姫《はくき》を候《ま》ちて以て体を呈《あら》わす。

通釈　私は次のように聞いている。帝王が仁政を施し、その徳が天に通るときは秘録顕れ、その徳が地に通るときは霊文興るという。この故に、かの伏犠の仁徳より龍馬顕れて八卦となり、黄帝の徳より霊亀浮んで亀書が世に現れた。また白氏少昊の徳より鳳鳥現れて鸑鳳の書となり、周の文王の徳より騶虞現れて虎字となった。

右文は、嵯峨帝に梵字並びに雑文を奉進する文章の書出しである。文字の起りは聖帝にして初めて成る旨を説いている。この文の典故とみられる典籍を示すと次の如くである。「龍卦」は、『書史会要』第一に、「亀文」は、『書史会要』第一・『尚書』中候にみえる。「鳳書」「虎字」は共に『書史会要』第一にある。

●例15(18)**（表15）**

空海聞。　四序代謝日月斡二於穹隆一。
　　　　　五才更生萬物成二于盤薄一。
故能　　　青昊黄軒乘レ時出レ宸。
　　　　　雙瞳八彩揖讓相推。
　　　　　萬方宅レ心四海擊レ腹。

蕩蕩之稱千古仰レ之。

空海聞く。四序代《かわるがわる》謝して日月穹《きゅうりゅう》隆に斡《めぐ》り、
五才更《かわるがわる》生じて万物盤薄《ばんはく》に成る。
青昊黄軒《せいこうこうけん》時に乗じて宸《しん》に出で、
故に能《よ》く双瞳《そうどう》八彩揖譲《ゆうじょう》して相推《あいゆず》る。
万方《ばんぽう》心を宅《お》き四海腹を撃《う》つ。
蕩蕩《とうとう》の称千古之《これ》を仰ぐ。

通釈 私は次のように聞いている。春夏秋冬の四季はかわるがわる巡り、日月は常に廻り来る。木火土金水の五行は循環し、万物は大地に生成する。ゆえに伏犠氏と黄帝との二帝は、時世によく乗じて位につき、舜と堯は互いに天下を譲りあって位についた。このように徳政を施し天下安穏であれば、万民腹鼓を撃って喜び、広大なる天子の名声は、千古にまで仰ぎ讃えられるのである。

右文は、淳和帝の即位を慶賀し奉る上表文である。自然の運行の法則を明かし、ついで古代の聖天子のありさまを帝位に掛けて述べるなど、実に巧妙な文章である。典故としては、「四時運行」は『荘子』第七知北遊篇・『阮嗣詠懐《ノ》詩』（『文選』二三）にみえる。「穹隆」は『爾雅釈天』・『揚雄《カ》太玄経』（『文選』一八）・『陸士衡《カ》挽歌』にみえる。「盤薄」

は『郭璞江賦《ノ》』（『文選』一二）にみえる。「青昊」は『史記』第一三皇本紀・『易』説卦伝・『楚辞』第五遠遊篇に、「黄軒」は『史記』第一五帝本紀に、「乗時」は『周易』乾卦に、「出震」は『易』説卦・『唐《ノ》孔穎疏』に、「双瞳」は『史記』第一五帝本紀・『尚書』に、「八彩」は『淮南子』第一九に、「揖譲」は『孔叢子』上巻居衛篇にみえる。「万方」は『漢《ノ》高祖功臣頌《ノ》』（『文選』四七）に、「撃腹」は『荘子』馬蹄篇に、「蕩蕩」は『論語』泰伯に、「千古」は『王元長策《カ》文』（『王寧朔集』、『文選』三六）に見える。

●例16[19]**（表17）**

沙門空海聞。　道之興廢人之時非レ時。
故能　物之貴賤師之別不レ別。
　　　就報待ニ虞氏一而方彰。
　　　美玉由ニ賢王一而照レ車。
　　　自レ古有レ之。
　　　今亦不レ然矣。

沙門空海聞く。　道の興廃は人の時と時に非ざるなり。
　　　　　　　物の貴賤は師の別《わ》くと別《わ》かざるとなり。

故に能《よ》く
就報《しゅうほう》は虙氏《ふくし》を待って方《まさ》に彰《あら》われ、
美玉は賢王に由って車を照らす。
古《いにしえ》より之《これ》有り。
今亦然《しか》らざらんや。

通釈 私は次のように聞いている。人が道を弘めるには、時流を洞察して適応させることにあり、物の貴賤というものは、物そのものにあるのではなくて、その物を眺める人にあると聞く。それゆえに易は虙犠氏によって創作され、楚人和氏が得たところの玉は、賢王によって初めて宝玉であると認められることとなった。つまり一貫した真理は、昔も今も洩れるものではない。

右文は、唐の李邕が書いた真蹟の屏風を奉献する文章の始めの部分である。

この文章も、一般的不変的なことを故事を引きながら記し、その内容をふまえながら、空海自身が、禅観の余暇をみつけて書法に深く留意してきたことを明らかにしている。典故と考えられるものを次に示す。「人之時非時」は『百喩経』下巻・『魏ノ文帝啁ニ劉楨一ヲ書』（『魏文帝集』第一・『芸文』二五）にみえる。「虙氏」は『史記』第一五帝本紀にみえる。「美玉由賢王而照車」は『韓子』第四和氏篇・『史記』田敬仲完世家第一六にみえる。

●**例17**(20)**（表12）**

空海聞。　山高則雲雨潤レ物。

水積則魚龍産化。
耆闍峻嶺能仁之迹不レ休。
孤岸奇峰観世之蹤相續。
尋二其所由一。
地勢自爾。
是故

空海聞く。山高きときは則ち雲雨物を潤し、
水積《つも》るときは則ち魚龍産化すと。
是の故に　耆闍《ぎじゃ》の峻嶺には能仁《のうにん》の迹《あと》休《や》まず、
孤岸の奇峰には観世《かんぜ》の蹤《あと》相《あい》続く。
其の所由を尋ぬるに、
地勢自《おのづか》ら爾《しか》なり、

通釈　私は次のように聞いている。山が高いと雲集まり、雨多くして草木を潤す。水が深いと魚龍集まり住み、繁殖も盛んである。このように峻嶺たる嗜闍崛山には、釈迦牟尼が出てその教えが継承され、奇峰たる補陀洛山には、観世音菩薩が追従されている。それはつまり高山峻嶺の地勢が、仏道修行者に好適地であるためである。

右文は、高野の峯に入定の場所を乞う上表文の冒頭である。典故と考えられるものに、「孤岸」は『法華玄義』第七・『大唐西域記』にみえる。

●例18(21)**（表16）**

空海聞。　良工用レ材不レ屈二其木一而構レ厦。
聖君使レ人不レ奪二其性一而得レ所。
是故　曲直中レ用無レ損。
賢愚随レ器有レ績。
名匠之譽因レ之顯矣。
能官之詠於レ焉興也。

空海聞く。　良工の材を用うる其の木を屈せずして厦を構う。
聖君の人を使う其の性を奪わずして所を得しむ。
是の故に　曲直《きょくちょく》用に中って損すること無く、
賢愚器に随って績有り。
名匠の誉之《ほまれこれ》に因《よ》って顕れ、
能官の詠焉《えいここ》に於いて興る。

通釈　私は次のように聞いている。良工は材木を使用する時に、木の曲直に従って適材適所に用いて大屋を建てる。聖君も人を用いる時には、各人の個性を重んじ、個性に適応した職役につかせるものである。だから、各人の異なった個性特質に応じて使用すれば、賢愚誰もがその分に応じた功績を現すものである。匠にあっては良工として讃歎せられ、君にあっては聖君として徳を讃歎せられるのはこれが理由である。

右文は、少僧都を辞するの表の初めの部分である。

ついで文章は、空海自身自ら心を期するところは、観念観法にあり、したがって僧官を辞退申し上げるのが道理である旨を述べている。典故としては「適材適所に人を用うる」ことは『班固演連珠』（『芸文』五七・『蘭台集』）・『嵆康《ノ》絶交書』（『文選』四三）にみえる。「能官之詠」は『李徳林《カ》隋主九錫冊文』（『李懐州集』）・『毛詩』小序にみえる。

●例19[22]**（表18）**

空海等聞。興㆓隆三寶㆒唯憑㆓一人㆒。

一人所㆑務惟孝惟德。

德之所㆑聚者塔幢是最也。

塔名㆓功德聚㆒。

幢號㆓與願印㆒。
功德聚則毘盧遮那萬德之所㆓集成㆒。
與願印則寶生地藏之三昧身。
是故
建㆑塔建㆑幢。
福德無盡。
近作㆓人天王㆒。
遠爲㆓法界帝㆒。

空海等聞く。
三宝を興隆することは唯一人に憑《よ》る。
一人の務むる所は惟《こ》れ孝惟《こ》れ徳なり。
徳の聚《あつ》まる所は塔幢《とうどう》是れ最なり。
塔をば功徳聚《くどくじゅ》と名づけ、
幢をば与願印《よがんいん》と号す。
功徳聚は則ち毘盧遮那万徳の集成する所、
与願印は則ち宝生地蔵の三昧身なり。
是の故に
塔を建て幢を建つれば、
福徳無尽なり。

近くは人天の王と作り、
　遠くは法界の帝と為る。

通釈　私共は次の如く聞いている。三宝の興隆は、ひとえに帝一人の力にかかっている。その帝の務むるところは、上には孝を尽くし、下万民に対しては徳を施すことである。徳の聚まるところは塔幢が最たるものである。徳を聚めたる塔は、大日如来の万徳が集成していることを表示したものであり、与願印たる幢は、宝生如来および地蔵菩薩の功徳によって、衆生を利益する聖境を表したものである。だから塔・幢を建てる者にはその福徳が無尽にそなわる。その功徳は、近くは転輪王となり、遠くは法界の帝すなわち仏となるに至るとまで説かれるほどである。

右文は、東寺の塔を造建するについて、材木を運ぶことを勧進する上表文である。この文は、対句形式では書いていない。

典故としては、「興隆三宝唯憑一人」は『仁王般若経』下巻受持品にみえる。「作人天王」は『宝篋印陀羅尼経』・『造塔功徳経』に、「為法界帝」は『造塔功徳経』にみえる。

以上の六例で明らかなことは、主張しようとする内容を、さらに凝縮した形で文章の初めの部分に示している。その文は、中国の故事を取り入れながら、主として対句形式で表現されている。

句格の形式は、「空海聞」（または沙門空海聞）と始まり、一般的かつ不変的事実を述べながら、主張しようとする主題と関連づけて文章を興していく。その時の句端（句絶）に用いられる語辞は、**例**

14・例15・例16では、「故能」とあり、例17・例18・例19では、「是故」とある。つまり空海は、句を交錯させてゆく時、それらの句を滑らかに連続させてゆくために「故能」「是故」を使用している。またこの両語は、嵯峨帝への文には、「故能」表10・表17、「是故」表12とあり、淳和帝への文には、「故能」表15、「是故」表16・表18とあり、二帝に対しその回数をうまく振り分けている。さらに、典故とみられる典籍においては、実に周到な注意をはらい、同本の同箇所を重ねて使用しているところはみられない。おそらく空海は、自らの文章の草案を手元に残し、上表文を書くにあたって参考にしていたものであろう。

以上のほか、句端に用いられる語には、次の例20の「是以」がみえる。また、例21の「若当」の如く句中に含まれて用いているものもある。以下この二例を示す。

●例20[23]**（表11）**

空海聞。　緩レ刑之文顕在二前書一。
宥レ責之言聞二于曩策一。
是以　草纓艾韠揚二美於垂拱年一。
赭衣畫冠流二譽於無爲日一。

空海聞く。　刑を緩《ゆる》うするの文顕れて前書に在り。

　　　　　責を宥《なだ》むるの言嚢策《のうさく》に聞こえたり。
是《これ》を以て　草纓艾韠《そうえいがいひつ》美を垂拱《すいきょう》の年に揚げ、
　　　　　赭衣画冠《しゃいがかん》誉《ほまれ》を無為の日に流す。

通釈　私は次のように聞いている。『漢書』には、刑を緩くすれば民は喜ぶという文がみえ、『周易』には、罪科を許すことは、聖天子の仁の行ないであると記されている。すなわち堯舜の世の罪人は、青色の布で作った膝掛を着るだけ、または赤色の服を着、衣冠に罪の種類を書くだけの簡単な制裁方法であった。それであるのに罪を犯した者も民も、敢えて罪を重ねていくようなことはなかった。だから堯舜の時代が天下太平となり、その徳治が後世に伝え讃えられるのである。それはひとえに帝の徳治からきているのである。

右文は、奈良元興寺の僧中璟が、宮女に艶詞を通じた罪によって罰せられた。その罪の赦されることを請う上表文である。

典故と考えられるものに次の典籍がある。「緩刑之文顯在前書」は『漢書』賈山列伝二一・『春秋』第五・『周易』解卦・『隋階ノ煬緝《アツムル》ㇾ民ヲ詔』（『煬帝集』）にみられる。「草纓艾韠」は『任昉請フㇾ刊リ二改ンヿヲ律令一ヲ表』（『芸文』五四）・『筍子』第一二・『礼記』、「垂拱」は『書経』周書武成にみえる。「赭衣尽冠」は『筍子』第一二・『尚書』大伝・『漢書武帝賢良ノ詔』（『武帝紀』繁六）に、「無為」は『荘子』第四天地篇にみえる。

●例21[24]（表13）

空海聞。

物類殊レ形事群分レ體。

舟車別レ用文武異レ才。

若當二其能一事則通快。

用失二其宜一雖レ勞無レ益。

空海聞く。

物類形を殊にし事群《じぐん》体を分かつ。

舟車用を別《こと》にし文武才異なり。

若し其の能に当るときは事則ち通じて快し。

用其の宜《よろしき》を失うときは労すと雖も益無し。

通釈 私は次のように聞いている。万物は皆その形を殊にし、その状態を分っている。たとえば舟と車はその用途を別にし、文官と武官はその才能を異にするのである。だから、才能に従って人を用うると、物事はすべて手落ちなく快妙に運ぶ。これと反対に才能に契《かな》わなければ、いくら努力しても益とはなり得ない。

右は、嵯峨天皇の勅命により、屏風に詩を書き終って奉進する上表文である。

典故としては、「物類」は『礼記』楽記・『劉公幹《カ》詩』（『文選』二三）に、「舟車別用」は『劉子』第六文武篇・『隋煬帝詔』（『煬帝集』）にみえる。「雖労無益」は『荘子』第五天運篇にみえる。

以上の検討によって、上表文の書出し部分では、次のことが明らかとなる。

書出しの部分は、今の文が勅命に随ったものであることを示し[25]、句格の形式は、「沙門空海言」となっているものが多い。だが、「沙門空海言。空海聞」とつづいている時は、冒頭で勅命である語句をはっきり出していない。

「表」形式の文章構造は、その冒頭において

「沙門空海言」→「空海聞」→「故能」
→「是故」
→「是以」

となっている。この形式は、**例14（表10）**において初めてみられ、それ以後の文章は、全く意識的にこの形式が用いられている。つまり、右形式が使用されるのは、空海四一歳以後である。それ以前の文章では、空海自身定型としての意識はなかったといえる。

次に、空海が典故としたと考えられる引用文より、その典籍を探ると、大部分は『文選』の中に見出せる。ついで順次『史記』『荘子』『芸文』『漢書』『毛詩』『周易』『論語』『大唐西域記』『煬帝集』等となる。仏典関係の経論釈からの引用は、稀である。

第三節　天皇を讃歎する表現

空海が書いた上表文の特色の一つとして、天皇を讃歎する語句を掲げることができる。そこでは、天皇の高徳を仰慕し、仁政が行なわれているが故に天下太平であることを述べ、また嵯峨帝に対しては能書であることを謳歌するなど、極端なまでに天皇を誉め讃えている。以下讃歎の語句一〇例を検討する。

●例22(26)**（表9）**

伏惟　皇帝陛下　仁過二兩儀一　道隆二貫三一

伏して惟《おもんみ》れば　皇帝陛下　仁両儀《りょうぎ》に過ぎ　道貫三《かんさん》に隆《さか》んなり。

通釈　伏して惟るに、皇帝陛下（嵯峨天皇）は、その仁徳は天地よりも広大であり、その王道の仁政はますます盛んである。

典故としては、『七命』（『文選』三五）、『董子』第一一王道通三篇が挙げられる。

●**例23**[27]**（表10）**

伏惟　皇帝陛下　貫三表レ號。
滅五稱首。
道邁二規矩一。
明齊二烏兎一。
露沈二文下一六合無爲。
風動二琴上一一人垂拱。
玉燭調和。
金鏡照耀。
輪瑞之運。
所レ謂　于レ今見矣。

伏して惟《おもんみ》れば　皇帝陛下　貫三《かんさん》に号を表し
滅五《げんご》称首たり。

道規矩《きく》に邁え、
明烏兎《うと》に斉し。
露文下に沈んで六合無為なり。
風琴上に動いて一人垂拱《すいきょう》す。
玉燭調和し、
金鏡照耀す。
輪瑞《りんずい》の運
今に見つ。
所謂

通釈 伏して惟れば、皇帝陛下（嵯峨天皇）においては、文字通り、貫三の徳を表され、美徳は五帝の中の第一位である。したがってその王道は常道をこえ、その徳光は日月に斉しいほどに輝いている。文をもって天下を治める故に、文道盛んにして天下誠によく治まり、徳風は万民によく行き渡って、何事もなさず無為傍観のままにして天下泰平である。今天下は、四時の気候まことによく調和して明道津々浦々隈なく行きとどいている。このような陛下の徳治は、あたかもかの転輪王の瑞運を目の前に見たかの感じである。

典故とみられるものを次に記す。「皇帝陛下」は『蔡邕独断』上巻にみえる。「貫三」「滅五」とは、三の字の中を貫けば王となり、五の右線を消すと王となる、つまり王道によって天下を治めていることである。『董子』第一一王道通三篇・『文宣帝ノ哀策ノ文』（『斉邢特進集』）・『司馬長卿カ難蜀父老』（『文選』四四）に、「称首」は『任彦昇《カ》奏弾』（『文選』四〇）にみえる。「烏兎」は『呉都賦』（『文選』五）にみえる。「露沈文下」は『春秋』佐助期（『初学記』第一）に、「六合」は『呂氏春秋』に、「風動琴上」は『孔子家語』に、「一人垂拱」は『白虎通』第一・『書経』周書武成にみえる。「玉燭」は『爾雅』釈天に、「調和」は『東方《カ》朔非有先生論』（『文選』五一）に、「金鏡」は『尚書考霊耀』初学記に、「輪瑞運」は『倶舎頌疏』世間品第五にみえる。

●例24[28]**（表11）**

伏惟　皇帝陛下
慈過㆓春風㆒。
恵踰㆓夏雨㆒。
至孝之名騰㆓潛龍夕㆒。
弘仁之號播㆓御鳳朝㆒。
天地感應風雨不㆑違。
四海康哉百穀豐稔。

伏して惟《おもんみ》れば　皇帝陛下
慈み春の風に過ぎ、
恵み夏の雨に踰《こ》えたり。
至孝の名潜龍《せんりゅう》の夕《ゆうべ》に騰《あが》り、

弘仁の号御鳳《なぎょほう》の朝《あした》に播《ほどこ》す。
天地感応して風雨違《たが》わず、
四海康哉《こうさい》にして百穀豊稔《ほうねん》なり。

通釈 伏して惟るに、皇帝陛下（嵯峨天皇）は、あたかも春の風が万物を養う如く、炎夏の時雨が万物を潤すごとく、いやそれ以上に仁慈広大な聖君である。未だ位に着かない時より、すでに至高の高名高く聞こえ、即位の暦号には、仁道を弘むという意味の弘仁の名をつけられた。天地もその仁徳に感応し、風雨時に順い違わず、四海泰平にして百穀豊かに実る。天下はまさに安穏である。

典故と考えられるものは次の如し。「春風」のたとえは『曹子建責《ムル》レ躬《ヲ》詩《ノ》表』（『文選』二〇）にみえる。「潜龍」は『任彦昇奉《カ》三答《スル》勅《ノ》示《サル、ニ》二七夕詩《ノ》一啓《ヲ》』（『文選』三九）・『運命論《ノ》注』に、「御鳳」は『易』乾卦・『塩鉄論』第七国病篇にみえる。風雨時に従って百穀豊かにして天下泰平であることは『老子』上巻道常無名章・『尚書』虞書益稷・『毛詩』豳風七月・『平叔《カ》景福賦』にみえる。

●例25(29)**（表15）**

伏惟　皇帝陛下　道超二善貸一。
徳均二洪鑪一。

天兄天弟前皇後皇

天兄天弟前皇後皇

簡鍾㆓堯心㆒。
位握㆓舜寶㆒。
仁高㆓往帝㆒。
義凌㆓後辟㆒。
明才之詩滿㆑巷。
何力之頌可㆑期。
幽顯俱㆑歡。
動植憑㆑惠。

伏して惟《おもんみ》れば　皇帝陛下

道善貸《ぜんたい》に超え、
徳洪鑪《こうろ》に均し。
簡《えらび》堯心に鍾《あた》り、
位舜宝を握《と》る。
仁往帝よりも高く、
義後辟《こうへき》を凌ぐ。
明才の詩巷に満ち、

何力《かりょく》の頌期《ご》しつべし。
幽顕　歓《よろこび》を倶にして、
動植恵みに憑《よ》る。

通釈　伏して惟るに、皇帝陛下（淳和天皇）は、善政を布き禽獣草木までにも仁慈は及び、徳は天地に比すべきほど広大である。だからこそ堯帝の心に契って舜が位についた如くに、嵯峨帝の簡びによって皇位を継ぐこととなった。前皇である嵯峨帝も、今上である淳和帝も共に、仁徳は往帝よりも高く、義に富むこと後々の君よりも勝れていることだろう。明君なりと歌う所の詩が巷に満ち、堯帝御世の民の如くに天下太平の世となるだろう。そして鬼神・人民、有情・非情倶に歓び、皆陛下の恵みによって安穏となるだろう。

典故とみられるものに次の典籍が挙げられる。「善貸」は『殷仲解《カ》㆓尚書《ヲ》㆒表』（『文選』三八）に、「洪鑪」は『荘子』第三太宗師篇にみえる。「堯心」は『沈休文《カ》詩』（『沈隠侯集』第二・『文選』二〇）に、「舜宝」は『易』繋辞にみえる。「先天後天」は『賀《ル》㆓上皇《ノ》還《玉フヲ》㆑京《ニ》表』（『表制集』第一）・『広弘明集』第一一にみえる。「明才之詩」は『尚書』虞書皐陽謨に、「何力」は『論衡』第五感虚篇にみえる。「幽顕」は『述《ル》㆓蔣州僧《ノ》《ヲ》㆒書』（『国清百録』第二）・『魏収為《カ》《メニ》㆓東魏《ノ》㆒檄《スル》㆑梁文《ニ》』（『魏特進集』）にみえる。

●例26（30）**（表16）**

伏惟　皇帝陛下　　道高㆓常道㆒。

徳過㆓上徳㆒。
軫㆓納隍於萬生㆒。
憂㆓一物之失㆑所。

伏して惟《おもんみ》れば　皇帝陛下
道常道よりも高く、
徳上徳に過ぎたり。
納隍《どうこう》を万生に軫《いた》み、
一物の所を失わんことを憂いたもう。

通釈　伏して惟れば、皇帝陛下（淳和天皇）は、道は世間の常道よりも高く、その徳は聖者よりも以上に勝れている。多くの人民の苦しみをいたみあわれみ、一人の民に対しても所を得ずして苦しんでいる者はないかと憂えておられる。

典故と考えられるものに、「常道」「上徳」は『老子経』上巻道可道章にみえる。「軫納隍」は『東京《ノ》賦』（『文選』三）・『范雲《カ》表』（『芸文』第五〇）・『王逸《カ》楚辞《ノ》注』第四にみえる。「一物」は『孔子家語』・『梁《ノ》簡文帝重《テ》請《フ》㆓御啓㆒』（『広弘明集』二一）にみえる。

●例27（31）**（表17）**

伏惟　太上天皇　脱躧多㆑閑。

超然坐亡。
九丹寫㆓其一㆒。
八體篤㆓其風㆒。

伏して惟《おもんみ》れば　太上天皇
脱躧《だっし》して閑《いとま》多く、
超然として坐亡したもう。
九丹其の一を写し、
八体其の風を篤《あつ》くす。

通釈　伏して惟るに、太上天皇（嵯峨上皇）は、惜しげもなく位を譲り、世事にかかわらず、寂莫無心とされている。このような心境で、九丹の一に練達せられ、また八体の書法を好み極めておられる。

典故としては、「太上」は『史記』高祖本紀に、「脱躧」は『不思議法師供養法疏』上巻・『淮南子』に、「多閑」は『徐陵玉台新詠序』（『徐僕射集』、『芸文』五五）に、「超然」は『漢書』賈誼列伝第一八に、「坐亡」は『荘子』第三大宗師篇にみえる。「九丹」は、『抱朴子』内篇第一金丹篇にみえる。

右例によって明らかな如く、天子を讃える文章では、文章の形式としては、「伏惟　皇帝陛下云々」の形をとっている。上表文において、この形式を用いているのは、右に示した六例のみである。年代順にこれをみると、**例22**は弘仁四年、**例23**は弘仁五年、**例24**は弘仁五年、**例25**は弘仁一四年、**例26**

は天長元年、**例27**は天長元年以後の著作となる。これによって、上表文において、空海が右形式を用い始めるのは、**例22**（**表9**）以後、つまり空海四〇歳以後であることが明らかである。これは次に示す**例28・例29・例30・例31**によっても確証できる。すなわち、右六例以外の上表文において、天皇を讃歎している語句を摘出すると、いずれも弘仁三年大師三九歳までの嵯峨帝に奉進する文章である。これらの讃歎文は、右例のような定型化された形式によって書かれたものではない。以下これらの例を明らかにする。

●**例28**(32)（**表2**）

況復　覆レ我載レ我仁王之天地。開レ目開レ耳聖帝之醫王。

況んや復　我を覆い我を載するは仁王の天地なり。目を開き耳を開くは聖帝の医王なり。

通釈　ましてやまた、我を覆っている天も、我を載せている地も天皇のものである。また我を入唐させ唐の文化に浴させ、心耳心目を開かせたのも、医王にも比ぶべき嵯峨帝の仁徳によったからに外ならない。

典故としては、『漢書』（『諸葛豊列伝』四七）に「天の如くに覆い、地の如くに載す」とある。

●例29(33)**(表3)**

當今　堯日麗レ天。
薫風通レ地。
垂拱無爲。
頌レ徳溢レ街。

当に今　尭日天に麗《っ》き、
薫風地に通ず。
垂拱《すいきょう》無為にして、
徳を頌すること街に溢《み》てり。

通釈　まさに嵯峨帝の世は、尭帝の天下が徳治によってよく治まっていた如くよく治まり、帝の徳化は万民にあまねくゆきわたり、衣を垂れ手を拱いて何事もなさずとも天下泰平であり、天皇の高徳を讃歎する声、街に溢れている。

典故とみられる典籍は、「尭日麗天」は『沈約ノ郊廟歌』(『沈隠侯集』・『芸文』四三)・『周易』離卦象乱に、「薫風」は『孔子家語』第八・『王子年カ拾遺記』(『拾遺記』第一)にみえる。「垂拱」は『書経』周書武成にみえる。「頌徳溢街」は『述ル二蔣州ノ僧ヲ一書』(『国清百録』第二)、『左伝』襄三一年・『列子』

仲尼篇・『沈約《カ》斉《ノ》安陸王碑』にみえる。

●例30(34)**（表5）**

問レ數足レ千。
看レ色如レ金。
金者不變之物也。
千是一聖之期也。

数を問えば千に足れり。
色を看れば金《こがね》の如し。
金は不変の物なり。
千は是れ一聖《いっせい》の期《ご》なり。

通釈　献ずるところの柑子の数は千に満ち、色を看れば黄金色をしている。黄金は永遠不滅の色である。千は聖人出世の期年である。

右は恒例によって、乙訓寺の柑子を献上する文中にみられる。奉献する柑子の数と色にことよせて、嵯峨天皇を讃歎している。

典故と考えられるものは次の如し。「金者不変」は『説文』第四に、「千是一聖」は『李蕭遠《カ》運命論』・『桓新論』（『文選』三七、勧進表ノ善註）にみえる。

●例31（35）**（表13）**

于レ時　堯曦流レ光
葵藿自感。

時に　堯曦《ぎようぎ》光を流し、
葵藿《きかく》自《おのず》ら感ず。

通釈　時に今上天皇の高徳は、尭帝より以上に万民の仰ぎ奉るところであり、あたかも葵花が太陽に向い傾くが如く万民に仰ぎ慕われている。

右文は、屏風を書き終って嵯峨帝に献上する文中にある。典故としては、「天子を仰ぎ慕う意」は『李嶠詩』（『百詠集』上）・『左伝』成公一七年・『淮南子』にみえる。

以上、上表文中の天子を讃歎される語句の検討を終えた。その結果、空海が天皇を讃歎する方法は、次の構想によっている。讃歎の目標となるものは、容姿・衣服・宮殿のようなものではなく、天皇の「徳」に主眼がおかれ、これをあらゆる方面から称讃しているのである。すなわち、今上帝は、五帝の美徳をもってたとえとするも適わずとか、美徳の明光が日月に斉しく輝くとか、貫三減五の徳をもつとか、嵯峨・淳和の皇位継承は、尭・舜の謙譲の美徳にたとえられるなどと天皇の徳を誉め讃える。嵯峨帝の書道・文道を称讃することはいうに及ばない。

帝が具える「徳」を「仁徳」という。その「仁徳」をもつ聖天子は、「仁道」によって国を治める。「仁道」による「仁政」ますます盛んであり、転輪王にも比べられると空海はまた「仁政」をほめる。「仁政」であるが故に天下泰平にして四海安穏であり、あたかも春の風が万物を養う如きが今の世である。だから万民もこぞって帝を崇め慕うのである。

右のような内容を加味しながら文章が組み立てられる。すでに文章構造の面から明らかにした如く、一定の法則に従った形式に、前述の内容をふまえた讃歎句型が定型化されるのは、空海四〇歳の時といえよう。

讃歎の句調を格調高くするためには、中国の典籍からの典故が必要である。そのために用いられる典籍としては、『文選』が圧倒的に多い。その他の典籍は散在しているが、いずれも同じ語句を二度使用しているところはない。比較的に多いものは、順に『書経』『周易』『荘子』『爾雅』『史記』『老子』『論衡』『孔子家語』『楚辞』からの引用である。

空海は、天子を讃仰するに比して、自らを実に卑下し、謙遜する文章を書く。つづいてその語句を考察していきたい。

第四節　空海自らを卑下する表現

空海が書いた上表文の中には、自らを卑下し恐縮する文章表現がみられる。恐懼の表現は、内容的にみると次の二つの型に分つことができる。第一は、自身の無力なことを謙遜する表現、第二は、嵯峨帝への文章で、書道に関して自らの未熟を恐縮する表現である。以下にその実例を示しながら、文章構造とその表現を検討していく。

表1の文章は、嵯峨帝へ奉進する最初の文である。空海三六歳の作。最初であるためか、全文を謙遜のみによって書いている。このような極端な文は、この一例だけである。だが帝に奉献する文章の謙遜表現は、実にこの文章が基本型となっている。したがって、まず始めに**表1**の文章について検討する。**表1**には、次に示すように自身の無力（**例32**）と書道の未熟（**例33**）の二つの型が同時にみられる。

●**例32**(36)（**表1**）

空海　　緇林朽枝。

法海爛屍。

空海は　緇林《しりん》の朽枝《きゅうし》。
法海の爛屍《らんし》なり。

通釈　私は、（僧衆の中にあっては）あたかも朽枝の如くにつまらぬものであり、また大海中に共住することを許されない屍の如くにつまらぬ僧である。

右文は、勅命を承って、世説の文を屏風に書き奉献する文である。この語句について、典故と考えられる典籍を次に示す。「緇林朽枝」は『釈氏要覧』上巻・『大智度論』第三・『慈恩伝』第八・『漢書』列伝五一にみえる。「法海爛屍」は『隋ノ煬帝度レス人ヲ勅』（『広弘明集』第一五）・『地蔵十輪経』第四・『不思議ノ疏』上巻にみえる。

本文では、つづいて自らが筆道について未熟なことを恐懼している。

●**例33**[37]（**表1**）

寧有二　現鬼墨池之才。
跳龍返鵠之藝一。
豈圖　燕石魚目謬當二天簡一。
天命難レ遁敢汗二珍繪一。

既無㆓驚㆑人之抜劍㆒。
還嬈㆓穢㆑目之死虵㆒。
悚㆑之慄㆑之心魂惘然。

寧《むし》ろ　現鬼墨池《げんきぼくち》の才、
跳龍返鵲《ちょうりゅうへんじゃく》の芸有らんや。
豈図《はか》らんや　燕石魚目《えんせきぎょもく》謬って天の簡《えら》びに当らんとは。
天命遁《のが》れ難くして敢えて珍絵《ちんそう》を汚す。
既に人を驚かすの抜剣無くして、
還って目を穢すの死蛇を繞《まと》えり。
之《これ》を悚《おのの》き之を慄《おそ》れて心魂惘然《ぼうぜん》たり。

通釈　（観念観法に自らの心を期している私であるから）どうしてや、かの蒼頡が鬼を哭せしめたほどの、また王羲之の跳龍・返鵲の筆勢の如き芸才が自分にあろうか、あるはずがない。実に燕石魚目にも等しいつまらぬ自分であるのに、陛下の簡びに預かろうとは、思いも及ばないことである。しかるに天皇の命は遁れがたく、敢えて珍重すべき屛風に字を書き汚したてまつる。私の書は、衆人の中で剣を抜き人々を驚かすような筆力はなく、死蛇にたとうべきほどのつまらぬ文字である。聖覧を汚すのは、実に恐れ多い極みである。よって自ら恐れおののき、惘然自失し恐縮している次第である。

右文は、嵯峨帝に奉進する最初の文章であるためか、帝に対する懸念と緊張が如実に感じられる。文中に含まれる故事について、その典故と考えられる典籍は次の如し。「現鬼」は『淮南子』第八本経訓に、「墨池」は『晋書』列伝第六に、「跳龍」は『梁武帝ノ評書』・『千字文』序に、「返鵲」は『白氏六帖』三二書部にみえる。「燕石」は『闞子』（『芸文』第六）・『劉子』に、「魚目」は『任彦升到ル二大司馬記室ニ一牋』（『文選』四〇）・『張景陽カ雑詩』（『文選』二九）・『韓詩外伝』・『任昉述カ異記』に、「天簡」は『論語』皇疏第二〇にみえる。「抜剣」は『梁武帝ノ評書』に、「惘然」は『東京賦』（『文選』三）・『韻会』に各々たとえがみえる。

以上**例32**・**例33**によって、謙遜文の基本的な表現をみることができる。以下つづいて謙遜表現の二面を検索することとする。

まず、第一の面、つまり自身を謙遜している文章は、次の七例をみる。

●**例34**(38)**（表2）**

雖二　蝗蝣心體。
羊犬神識一。
此思此願。

常策㆓心馬㆒。

蝖蝣《けんゆう》の心体、
羊犬の神識なりと雖も、
此の思い此の願い、
常に心馬に策《むちう》つ。

通釈 私は、かの喧蝣のそれの如くに、身心共に卑しくつまらぬものであり、羊や犬の心と同じほど、劣り卑しき心である。そのような自分ではあるが、国を思い君を思うことは寸時も忘れず、及ばずながら常に我が心馬を策励している者である。

右文は、国家の奉為に全身全霊を捧げて修法することを明かす文中、自身を卑下している箇所である。典故と考えられるものは次の如し。「喧蝣」は『毛詩伝』曹風蜉蝣に、「羊犬」は『李令伯陳情表』（『文選』三七）、「策心馬」は『衆経撰雑譬喩経』上巻にみえる。

●例35(39)**（表7）**

空海　瓦礫之人。
謬緘㆓燕石㆒。
不㆑謂　聖聰索㆓金聲於芻蕘㆒。

訪二華藤於朽櫨一。
雖レ喜二聖綸之下徹一。
還慙二享箒之愆過一。

空海
瓦礫の人にして、
謬って燕石を緘《つつ》めり。
聖聡金声《せいそうこんせい》を芻蕘《すうじょう》に索《もと》め、
華藤《かとう》を朽櫨《きゅうし》に訪《とぶら》わんとは。
謂《おも》わざりき
聖綸《せいりん》の下徹《かてつ》を喜ぶと雖も、
還って享箒《こうさつ》の愆過《けんか》を慙《は》ず。

通釈　私は、もとより瓦礫のように無価値な者である。しかしながら外見は、美玉にまちがわれているが、その実は燕石のようなものでつまらぬ者である。だから、草刈や樵夫《きこり》にも等しい下賤な私に、金声の如き立派な文章を求められ、立枯れの木にも等しい私に、華藤の如き麗わしい文章を求められても、ただただ困惑する次第である。天子の宣旨が私に下ったことは、恐懼し喜びとするけれども、貴しとする愛蔵品は、自分勝手なものばかりで、奉進するに堪えないのを慙じる次第である。

右文は、帝より種々の書を献上するよう求められたのに対し、自分の無力を謙遜している箇所である。典故としては、「索金声於芻蕘」は『晋書』孫綽列伝二六・『毛詩』大雅に、「華藤」は『桂海虞衡志ノ草木志』に、「朽畄」は『爾雅』に、「享箒之愆過」は『魏ノ文帝ノ論』（『文選』五二）・『左伝』註昭公四年にみえる。

●例36（40）**（表8）**

永忠　枉費㆓程糧㆒實慙㆓非才㆒。
　　　歷任登用事同㆓濫吹㆒。
況乎　如今行年七十。
　　　筋骨劣弱窮途將㆑迫。
　　　殘魂餘喘能得㆓幾時㆒。
　　　卽弛㆓僧綱之綱紀㆒。
　　　又闕㆓統理之師表㆒。

永忠《ようちゆう》　枉《ま》げて程粮《ていろう》を費やして実に非才を慙《は》じて、
　　　歴任登用事濫吹《らんすい》に同じ。
況んや　如今《いま》行年七十。
　　　筋骨劣弱にして窮途将に迫りなんとす。

残魂余喘《よぜん》能く幾《いくば》くの時をか得ん。
即ち僧綱の綱紀を弛《ゆる》し、
又統理の師表を闕《か》きてん。

通釈　私（永忠）は、その器でもないのに、なみはずれた俸禄を戴いていることは、自己を顧みて、ただただ非才を慙じる次第である。それなのに今の職位に挙げ用いられたことは、斉の宣王の故事つまり竽を吹かぬものが、能く吹く者の中に濫りに混じっていると同じで恐懼するばかりである。まして私もすでに七〇歳。筋骨も劣弱になり、死期も迫ってきており、残魂余命いくばくもなく老衰している。だから僧綱の職に在ってもその職責を果すことができず、もはや法を守り人々に影響を及ぼすことはできないのである。

右文は、法相宗の永忠が、歳老いたため、少僧都の官を辞職せんとする上表文である。空海が依頼を受けて作ったものである。典故としては、「程糧」は『漢書』東方朔伝・『谷永対』に、「歴任登用」は『尚書』虞書尭典にみえる。「濫吹」は『江文通雑体詩』（『文選』三一）・『韓非子』第九内儲説篇の故事をふまえている。

●例37[41]**（表9）**

如寶　随ㇾ師遠投㆓聖朝㆒。
六㆓十年于今㆒矣。

雖レ云二徳行無レ取。
才能不レ聞。
頼二先師餘慶聖朝泰澤一。
積恩累疊積有二年歳一。

如宝《にょほう》 師に随って遠く聖朝に投《いた》ること、
今に六十年。
徳行取りどころ無く、
才能聞こえずと云うと雖も、
先師の余慶聖朝の泰澤《たいたく》に頼って、
積恩累疊《るいじょう》積んで年歳有り。

通釈 私（如宝）は、鑑真和尚に随って大唐より聖朝に来てから、すでに六〇年になる。その間何らの徳行もなければ、また才能とてもない。しかるに聖朝の恩沢に浴したことは、これ偏に先師鑑真和尚の余慶を蒙っていることにほかならない。このように重ね重ね御恩を蒙って、今日まで過ごしてきているのである。

右文は、唐人如宝が招提寺の封戸を賜わったのに感謝する奉答文である。空海が依頼を受けて作ったものである。典故と考えられる典籍は次の如し。「徳行無取」は『恵津法師与ル二瑗律師ニ一書』（『広弘明集』三二）に、「先師余慶ノ」は『周易』坤卦にみえる。「積恩累畳」は『不空三蔵臨終陳情表ノ』（『表制集』第一八）・『説苑』第一九脩文篇に、「積有年歳」は『周弘譲与ル二徐陵ニ一書』（『弘譲集』）にみえる。

●例38（42）**（表10）**

空海　人是瓦礫每仰二金仙之風一。
器謝二巣許一久臥二堯帝之雲一。
窟觀餘暇時學二印度之文一。
茶湯坐來乍閱二震旦之書一。

空海　人は是れ瓦礫にして毎《つね》に金仙の風を仰ぐ。
器は巣許《そうきょ》を謝して久しく尭帝の雲に臥《ふ》せり。
窟観《くつかん》の余暇　時《ときどき》　印度の文を学び、
茶湯《ちゃとう》坐し来って乍《たちま》ちに震旦《しんたん》の書を閲《み》る。

通釈　私は、人となりは瓦礫にも似て、何の価値もなくつまらぬものであり、常に金仙たる仏陀を仰ぎ慕うものである。また器は、かの尭の時の隠人巣父・許由には遠く及ばず、陛下の下で安楽を貪るものである。書物についても、禅観の余暇に時々印度の文を学び、また茶湯を喫する折々を利用して、震旦の書を観る程度である。

右文は、梵字ならびに雑文を献じ奉る上表文の一節である。典故と考えられるものを次に示す。「仰金仙之風」は『潜確類』六一・『後漢書』劉祐列伝五七・『事物異名』・『本行経』に、「巣許」は『皇甫謐《カ》高士伝』上巻の故事によっている。「臥尭帝之雲」は『法苑珠林』一二〇・『鮑明遠楽《カ》府』（『文選』二八）に見える。「窟観」は『大日経疏』第一一に、「印度之文」は『大唐西域記』に、「震旦之書」は『翻訳名義集』・『楼炭経』にそれぞれみえる。

以上は、空海が嵯峨帝に奉進した文章の中、自身を謙遜している部分である。次の二例は、淳和帝に奉献する文中にみえる例である。

●例39[43]**（表16）**

然今　以㆓斗筲之才㆒謬處㆓法綱㆒。
以㆓鉛刀之質㆒叨居㆓僧統㆒。
必致㆓傷㆑手之謗㆒。
遂無㆓一利之益㆒。

然るに今
斗筲《としょう》の才を以て謬《あやま》って法綱《ほうこう》に處《お》り、
鉛刀《えんとう》の質を以て叨《みだ》りに僧統に居《お》らば、
必ず手を傷《やぶ》るの謗りを致して、

遂に二利の益無からん。

通釈　然るに今、取るに足らない才能を以て、誤って僧綱におり、また鉛刀の如きつまらない素質であるのに、みだりに僧都の位に留まっている。この身分不相応の高官についていることは、拙工傷手の謗りをまねき、私自身にもまた他の人々にも、何の益にもならないのである。

右文は、空海が少僧都の官を辞退する上表文にみえる。自らは禅観のみを心とし、世事に経験なきために、任に耐えない旨を述べている。典故と考えられるものは次の如し。「斗筲之才」は『論語』子路篇に、「鉛刀之質」は『後漢書』列伝三七にみえる。「傷手之謗」は『老子』下巻民不畏死章の故事を引いている。

●**例40**(44)**（表19）**

常願　奮二蚊虻力一。
　　答二海嶽徳一。

常に願うらくは　蚊虻《ぶんぼう》の力を奮って、
　　海嶽の徳を答《たつ》せんと。

通釈　常に心に願い期することは、蚊虻の如き微力を傾けて、高大無辺の恩徳に対し報答せんとすることである。

右文は、空海疾に嬰って、上表して大僧都の職を辞する文にみえる。典故としては、「蚊虻」の譬えは『荘子』第六秋水篇の故事による。

以上、空海が自身を謙遜している用例を例挙した。これによって自身をどのような文章内容で謙遜しているかを窺うことができた。以上の謙遜の語句をまとめると次の如くなる。朽枝の如くにつまらぬ私、大海の中に住むことを許されない屍の如き私（例32）、燕石魚目に等しい私（例33）、羊や犬の心と同じように劣り卑しい私（例34）、喧蝣の如くに微力な私（例34・例40）、瓦礫のように無価値な私（例35・例38）、草刈や樵夫にも等しい下賤な私、立枯れの木にもひとしい私（例35）、死期も迫りきて残魂余命いくばくもなく、老衰している私は非才を慙ず（例36）、これという徳行もなく才能とてもない私（例37）、鉛刀の如きつまらぬ素質、取るに足らない才能の私（例39）である。

次に、第二の面、つまり書を奉献する文中、自らを謙遜している文章表現を検討する。空海は、書については自身の書を謙遜するだけでなく、逆に上表文の中において、中国から書法を学びきたったことを強調している。筆道[45]には、一家の識見をもっていたことは言うまでもないが、ここでは謙遜している文章について検索することとする。謙遜表現としては、次の如く八例見える。

●**例41**[46]（**表3**）

但恐　久韞ニ揮翰一筆不レ勝レ意。

不レ免三強書空汚二珍紙一。

但《ただ》恐らくは　久しく揮翰《きかん》を韜《つつ》んで筆意に勝《かな》わず。

強いて書して空しく珍紙を汚すことを免れず。

通釈　ただ思うのは、私は久しく筆をしまって、書から遠のいているため、筆が思いどおりに動かない。しいて無理に書いたため、徒に珍紙を汚しているにすぎないことを苦しく思う次第である。

●例42[47]　**（表3）**

庶令三屬文士知二見之一矣。還恐招二恥遼豕一。

庶《こいねがわ》くは屬文《しょくぶん》の士をして之《これ》を知見せしめ、還って恐らくは恥を遼豕《りょうし》に招かんことを。

通釈　私が奉進する書を文章家に見せられると、自分は珍奇だと思って奉献するのであるが、遼東の故事のそれの如く、かえって恥をかくことになりはしないかと思っている次第である。

●例43[48]　**（表3）**

虎變爲レ犬。雖レ未レ成レ功夫比二之獻芹一。

虎変じて犬と為る。未だ功を成さずと雖も夫れ之を献芹《けんきん》に比す。

通釈　私の書は、あたかも虎を画いて犬に見えるようなものである。立派なものではないが、自分自身は珍奇な品として贈るものである。

右三例は「劉希夷集」を書き終って奉進する表である。奉進する自らの書について謙遜している。典故は、**例41**の中「久韞揮翰」は『劉孝標《カ》弁命論』(『文選』五四)にみえる。例42の中「属文」は『漢書』賈誼列伝一八にみえる。「招恥遼豕」は『東観漢記』(『太平御覧』九〇三)・『後漢書』朱浮列伝二三「為《ニ》二幽州《ノ》牧《カ》一与《シ》二彭寵《ニ》一書」(『文選』四一)の故事をふまえている。**例43**の中「虎変為犬」は『後漢書』馬援列伝一四にみえる。「比之献芹」は『嵆康《カ》絶交《ノ》書』(『文選』四三)の故事を引いている。

●**例44**(49)(**表4**)

雖二郢輸《ママ》巧思一而鉛刀盡レ妙乎。

太不レ勝レ意。

深以慄歎。

若使

　繫二麒足於釜竈一。

　籠二鵬翼於樊籬一。

　責二其滅没一。

　課二之垂天一。

豈不レ難哉。

郢輸《えいしゅ》が巧思なりと雖も鉛刀《えんとう》をもって妙を尽《つ》くさんや。
太《はなは》だ意に勝《かな》わず、
深く以て悚歎《しょうたん》す。
若使《たとい》　麒足《きそく》を釜竈《ふそう》に繋《つな》ぎ、
　　鳳翼《ほうよく》を樊籬《はんり》に籠《こ》めて、
　　其の滅没を責め、
　　之《これ》を垂天《すいてん》に課せば、
　　豈《あに》難《かた》からざらんや。

通釈　かの匠石や公輸の如き工匠の名人であっても、鈍刀をもってしてはその妙技を競うことはできない。書もこれと同様である。（したがって筆悪しきために）思うように書けず、はなはだ深くおそれ慨歎する次第である。よしんば、一日千里の能をもつ麒麟を、釜竈の如き狭い所に繋ぎ、また一躍九万里の能ある大鵬を、藩籬の如き狭い場所に閉じ込めて、その速疾なることを責めても、無理というものである。しかしこれを大空に放って試みれば、一瞬にしてその任を、成しとげることは容易であろう。（だが私の如き先天的に悪筆のものは、よい筆なくしては、会心の書はなし得ないのである。）

●例45（50）**（表4）**

天綸忽降強以揮レ翰。

恐　心翰空費不レ允二聖心一。

珍素重汚被レ抛二醤蓋一。

天綸《てんりん》忽《たちま》ちに降って強いて以て翰《ふんで》を揮《ふる》う。
恐らくは　心翰《しんかん》空しく費やして聖心に允《かな》わず。
珍素《ちんそ》重ねて汚して醤蓋《しょうがい》に抛《なげう》たれんことを。

通釈　みことのりが急に降ったことにより、強いて書し奉る。だが恐らくは、自分の誠心も書も共に無駄ごとに帰し、聖心に允うこととはならないであろう。ただ貴き素を汚し奉ることとなり、味噌蓋として投げうたれるほどにつまらぬことを思うと、自分ながら自らの無力を恥じる次第である。

右二例は、劉廷芝の集を書いて献納する表にみられ、立派な書を書くためには、道具が悪ければなし難きことを記している。典故と考えられるものは次の如し。**例44**の中の「匠石」の故事は『荘子』第八徐無鬼篇に、「公輸」の故事は『淮南子』第一九修務訓にみえる。「鉛刀」の喩えは『賈誼弔カスル二屈原ヲ一賦』（『史記』列伝二四・『漢書』列伝一七・『文選』六〇）にみえる。「麒足於釜竈」は『呉質答ル二子書一』（『文選』四二）に、「鵬翼於樊籬」は『荘子』第一逍遥遊篇・『爾雅』釈言・『張華《カ》鷦鷯《ノ》賦』（『文選』一三）にみえる。「責其滅没」は『赭白馬《ノ》賦』（『文選』一四）に、「垂天」は『荘子』第一逍遥遊篇にみえる。例45の中「抛醤蓋」は『楊雄《カ》伝《ノ》賛』（『漢書』列伝五七下）にみえる。

●例46(51)（表6）

空海自家試看二新作者一不レ減二唐家一。但恐星好各別不レ允二聖愛一。

空海自家にして試み、新作の者を看るに唐家に減《おと》らず。但《ただ》恐らくは星の好み各別にして聖愛に允《かな》わざらんことを。

通釈　私は、自家において、試みに清川が製作した新作の筆を使用してみたところ、それは唐製のものに勝るとも劣らない。ただ人の嗜好は、各人その好む所を異にするが故に、私は善いものであると思っているものの、聖帝の愛好に適わないのではないかと恐れている次第である。

右文は、奉進する筆に対する謙遜の語を述べている。典故と考えられているものは、「星好各別」は『尚書』洪範の文を引いている。

●例47(52)（表13）

空海　元耽二観牛之念一。

久絶二返鵠之書一。

達夜数息誰労二穿被一。

終日修心何能㆓墨池㆒。
人非㆓曹喜㆒謬對㆓漢主之邸㆒。
欲㆑辭不㆑能強揮㆓龍管㆒。

空海　元《もと》観牛の念《おもい》に耽《ふけ》って、
久しく返鵲《へんじゃく》の書を絶つ。
達夜《よもすがら》数息《すそく》す誰か穿被《けんび》に労《ろう》せん。
終日《ひねもす》修心何ぞ墨池《ぼくち》に能《た》えん。
人曹喜《そうき》に非ず謬《あやま》って漢王の邸に対《むか》えり。
辞せんと欲すれども能わず強いて龍管《りゅうかん》を揮《ふる》う。

通釈　私は、元より観法をこらす禅定三昧に耽り、久しく書道より遠ざかっている。夜どおし数息の禅念を修しているために、魏の鍾繇の如く書道に専心しているわけではない。また終日修行に心を遊ばせているが故に、張伯英が池に臨んで書を学んだ如く、書道に専心しているわけでもない。さらに、かの篆隷の書を善くした曹喜ほどの能書でもない。それにもかかわらず、謬って嵯峨帝の命を拝し奉ることとなった。非才であるが故に辞せんと欲すれども能わざるために、敢えて龍管を揮って書し奉る次第である。

●例48[53]**（表13）**

何況空海　耳聞二其義一。
心不レ存レ理。
空費二筆墨一。
忝汗《ママ》二珍屏一。
一悚一懼。
心魂飛越。

何に況や空海　耳に其の義を聞いて、
心に理を存ぜず。
空しく筆墨《ぼく》を費やして、
忝《かたじけ》なくも珍屏《ちんびょう》を汚す。
一たびは悚《おのの》き一たびは懼《おそ》れて、
心魂飛越《ひえつ》す。

通釈　まして私は、（大唐において解書の先生に遇って）聊か筆道の深義を聞いたのであるが、心にその理を解せず、ただ空しく筆墨を弄ぶ程度のものである。然るに忝なくも珍重すべき屏風を汚し奉ることは、誠に恐懼に堪えず、心魂飛越して恐れ入る次第である。

右二例は、嵯峨帝の勅によって、屏風に詩を書き終って奉献する上表文である。空海は、自身の書について、未熟であるためその能にあたらないが、謬って任にあたると謙遜している。典故とみられるものは次の如し。「観牛之念」（例47）は『摩訶般若経』第六広乗品・『釈論』四八に、「返鵲之書」は『白氏六帖』三二書部にみえる。「穿被」の故事は『太平広記』二〇六・『書断』第一に、「墨池」の故事は『晋書』列伝第六にみえる。「曹喜」のことは『書史会要』第二に、「漢主之邸」は『漢書』文帝紀第四にみえる。「心魂飛越」（例48）は『劉越石勧進表《カノ》』（『文選』三七）にみえる。

以上、空海が自身の筆道に対し、謙遜している諸例を検討した。書についての謙遜表現は、嵯峨帝との関係にのみみられ、淳和帝との間ではみられない。以上述べてきた表現内容を集約すれば、次の如くなる。

筆道から遠のいているため、筆が思いどおりに動かないが、天命避けがたいから強いて書し奉る（例41・例47）、書における技術が未熟でありまた非才なため、私の書は虎を画いて犬に見える程度である（例43・例48）、立派な書を書きたいが、筆悪しきために思うように書けない、そのため新作の筆を研究考慮している（例44・例46）、自分は珍奇だと思って奉献するものの、帝から見ればつまらぬものであろう（例42・例45）となる。

空海の謙遜表現の項（例32から例48）において、各典籍からの典拠をみると、『文選』所収の諸典籍からの引用例が圧倒的に多く一五例みえる。ついで主なものを順次示すと次の如くである。『漢書』五例、『荘子』四例、『後漢書』四例、『晋書』三例、『広弘明集』二例、『爾雅』二例、『准南子』二例、『梁武帝評書』二例、『白氏六帖』二例となり、その他の引用典籍三二からは、各々一例のみである。また同典籍の同箇所を二度用いているところはみられない。

第五節　空海が生活目標とする禅定

例32から**例48**で述べた如く、空海は、自身を謙遜し、また自らの能書を謙遜することに、ことのほか気を配っている。このように自らを卑下する空海自身は、いったい何を目標とし、生活規則と考えていたのであろうか。この問題についても、空海は端的に答えている。すなわち空海の考える僧としての生活目標とは、「禅定」を意味している。

先に示した**例47**では、「空海　元耽二観牛之念一久絶二返鵲之書一」と記述しており、筆道に力を用いないのは、修法に耽っているためであるとされる。同じく修法と筆道の関係を示すものに、次の例をみる。

●**例49**[54]（**表4**）

然猶　願二定水之澄淨一。

不レ顧二飛雲之奇體一。

弃二置心表一。

不レ齒二鑒寫一。

然れども猶　定水《じょうすい》の澄浄《ちょうじょう》を願って、
飛雲の奇体を顧みず。
心表に棄置《きち》して、
鑑写《かんしゃ》に歯《よわい》せず。

通釈　併しながら私は、ひたすら観念を凝らして、心の澄浄を願う者であり、筆道については顧みる暇もない。したがって心外に棄て置き、書道に歳月を費やしてきたということではないのである。

右文の典故としては、「定水之澄浄」は『真観師与ル二徐陵ニ一書』（『広弘明集』二七）にみえる。自ら観念観法に専心しているために、書道に専念できないと謙遜している。このように空海は、観法をもって自らの生活規律とするのである。これは空海の終始一貫した態度である。「禅定」そのものについては、次の如く表現されている。

●例50(55)　**（表1）**

但解下　持二鉢錫一以行レ乞。
吟二林藪一而往上観。

但鉢錫《はっせき》を持して以て乞《こつ》を行し、
林藪《りんそう》に吟じて観に住することをのみ解《さと》れり。

通釈 私は、ただ鉄鉢と錫杖を持って行乞し、山野を遍歴しながら読経し、且つ観法を凝らすことをのみ知っているにすぎない者である。

典故と考えられる典籍は次の如し。「持鉢錫以行乞」は『金剛般若経』第一法会因由分・『錫杖経』に、「吟林藪而住観」は『石崇カ思帰引ノ序』(『文選』四五)・『大日経疏』第一一にみえる。

●例51[56] **(表16)**

空海　從二弱冠一。
及二知命一。
山藪爲レ宅
禪默爲レ心。
不レ經二人事一。
不レ耐二煩碎一。

空海　弱冠より
知命に及ぶまで、

山藪《さんそう》を宅《いえ》とし、
禅黙を心とす。
人事を経ず、
煩砕《はんさい》を耐えず。

通釈　私は、弱冠の頃より知命の年に至る今日まで、山林を己が住家とし、禅観を修することを目的としてきた。世事の経験はなく、こまごました煩わしさに携わる任に耐えないのである。

典故は次の如し。「弱冠」は『曲礼』(『礼記』註疏第一)、「知命」は『論語』為政にみえる。「山藪為宅」は『大智度論』三五に、「禅黙為心」は『梁高僧伝』第八に、「不耐煩砕」は『漢書』薛宣列伝五三にみえる。

●例52[57]**（表16）**

豈若　焼㆑香念㆑佛老㆓形一室㆒。
散㆑華講㆑經運㆓心三密㆒。

豈若《し》かんや　香を焼《た》き仏を念じて形を一室に老い、
華を散じ経を講じて心を三密に運《めぐら》す。

通釈　香を焼き心を静め、仏を念じながら年老いてゆき、花を供養し経を講じて、心を三密の妙行に運らしている。（これまた私の本分に適っているのである。）

典故と考えられるものは、「焼香念仏」「散華講経」は『蘇悉地経』下巻・『荘子』第七庚桑楚篇にみえる。

●**例53**[58]（**表8**）

伏願　知レ足罷歸。
靜坐念レ佛。
以報二國恩一。

伏して願わくは　足ることを知って罷《やめ》帰り、
静坐して仏を念じて、
以て国恩に報ぜん。

通釈　伏して願い奉る。少欲知足の沙門の本分に従って（少僧都を）退き帰り、静坐観法して念仏三昧に耽り、もって国恩に報答し奉る。

典故としては、「知足罷帰」は『遺教経』・『漢書』列伝四三にみえる。

以上の如く、僧侶の本分は、禅念観法に邁進することであるとするのが、空海の態度である。次に示す高野の地を乞い奉る上表文（**表12**）では、さらにこの立場を明確にしている。

●**例54**[59]（**表12**）

但恨　高山深嶺乏二四禪客一。幽藪窮巖希二入定賓一。

但恨むらくは　高山深嶺に四禅《しぜん》の客乏しく、幽藪窮巌《ゆうそうきゅうがん》に入定の賓希《ひんまれ》なり。

通釈　ただ遺憾に思うのは、高山深嶺に四禅を修する求道者乏しく、幽藪窮巌に入定の求法者稀であるということである。

典故としては、「幽藪窮巌」は『後漢書』列伝二六、『皇甫毘玉泉寺碑』（『国清百録』第四）にみえる。

つづいて同文中には、高野を望み蒙りたいのは、修禅の道場を建立するためであることを示している。

●**例55**[60]（**表12**）

今思　上奉二爲國家一下爲二諸修行者一。芟二夷荒藪一聊建二立修禪一院一。

今思わく　上は国家の奉為《おんため》に、下は諸の修行者の為に、荒藪《こうそう》を芟《か》り夷《たいら》げて、聊《いささ》か修禅《しゅぜん》の一院を建立せんと。

通釈　今思うに、上は国家のために、下は多くの仏道修行者のために、荒れはてた藪を刈り除き、もって聊か修禅の一院を建立しようとするのである。

典故としては、「芟夷荒薮」は『陵唾石闕銘』（『文選』五六）にみえる。

以上によって明らかな如く、空海は、日常生活において僧侶が目標とすべきは、「観法」であることを主張している。空海自身は、観法のなかにあって、僧侶の職分として、護国の修法を主張し、鎮国道場の建設により国家安穏を祈るとするのである。「奉為国家請修法表」（**表2**）、「奉造東寺塔材木曳運勧進表」（**表18**）は、この態度が如実に表れている。以上によって、空海は、自らを謙遜する表現の奥に、禅定をもって最上とする立場を常にとっていることが理解できる。

また、**例49**から**例55**までの典故については、『文選』二回、『漢書』二回となり、その他の典籍はすべて一回のみである。観法を主張する表現内容の中で、同じ典籍を使用せず、また同巻の同箇所を全く避けるなど、慎重を期している空海の配慮を窺うことができる。

第六節　入唐で修学した真言の秘法と書道

上表文における特色の一つに、入唐した旨を文中に示している箇所を挙げることができる。いずれも嵯峨帝への上表文の中にみられ、その内容は、大唐において真言の秘法を学んだことと、書道を習学したことの二つである。

初めに真言の秘法は、自ら入唐して伝え来ったことを示している箇所が一例みえる。

●例56（61）**（表2）**

沙門空海言。空海幸沐㆓先帝造雨㆒遠遊㆓海西㆒。儻得㆘入㆓灌頂道場㆒授㆗一百餘部金剛乘法門㆖。其經也則佛之心肝國之靈寶。

沙門空海言《もう》す。空海幸いに先帝の造雨に沐して遠く海西に遊び、儻《たまたま》灌頂道場に入って一百余部の金剛乗の法門を授けらるることを得たり。其の経は則ち仏の心肝《しんかん》、国の霊宝なり。

通釈　沙門空海言上し奉る。私は、幸いにも先帝（桓武帝）の恩沢を蒙り、遠く大唐の国に留学することを得た。その地でたまたま恵果阿闍梨に遇い、その灌頂道場に入壇し、また一首余部の金剛乗の法門を授くることを得たのである。その授かり得た経は、仏の心肝であり、国にとっては霊宝である。

右文は、嵯峨帝への上表文にみえ、空海三七歳の作である。空海の密教は、入唐求法による相伝であることを明示している。当時は、入唐すること自体、至難なことであり、また日本国が挙って中国文化の摂取に懸命になっていた時期である。嵯峨帝は、入唐帰りの新参者空海の言葉にも、鋭敏に耳を欹てていたに違いない。その空海の上表文中の冒頭に「遊海西」とあり、大唐の天子は、開元以来密教秘伝の灌頂を受けていることが示されている。典故としては、「一百余部金剛乗法門」は『請来録』・『真言宗所学経律論目録』・『瑜祇経』序品にみえる。「仏之心肝」は『表制集』第五に、「国之霊宝」は『張景陽《カ》七命』（『文選三五』）にみえる。

次の五例は、書道に関係する上表文である。

●例57[62]**（表3）**

王昌齢詩格一巻。此是在唐之日。於二作者邊一偶得二此書一。古詩格等雖レ有二数家一。近代才子切愛二此格一。

王昌齢《おうしょうれい》が詩の格一巻。此れは是れ在唐の日、作者の辺に於いて偶《たまたま》此の書を得たり。古詩の格等は数家有りと雖も、近代の才子切《ねんごろ》に此の格を愛す。

通釈　王昌齢の詩格一巻。これは在唐のおり、ある詩人のところで偶然に入手し得たものである。古詩の格を用いる詩人も数家あったが、また近世においても、優れた詩人の中には、王昌齢の詩格を愛好している一派も存しているようである。

典故としては、「王昌齢詩格一巻」は『才子伝』第二にみえる。

●**例58**[63]　**（表3）**

飛白書一巻。亦是在唐之日一見二此體一試書レ之。

飛白の書一巻。亦《また》是れ在唐の日一たび此の体を見て試みに之《これ》を書す。

通釈　飛白の書一巻。またこの書も在唐のおり習得したものである。ある日飛白の書体を見ることができ、試みにこれを書したものである。

典故としては、「飛白書」は『書史会要』第一にみえる。

右二例は、勅命を拝して、劉希夷集を書き終って奉進するにあたり、「王昌齢詩格一巻」と「飛白書一巻」を添えて奉献することを明かしたものである。いずれも共に、大唐において入手習得したことを明示している。

●**例59**[64]　**（表4）**

餘於二海西一頗閑二骨法一。雖レ未二畫墨一稍覺二規矩一。

余海西に於いて頗《すこぶ》る骨法を閑《なら》えり。未だ画墨《がぼく》せずと雖も稍規矩《ややきく》を覚《さと》れり。

通釈 私は、大唐において、大いに筆道を修学した。実地に十分習得したとは言いがたいが、だがしかしその筆法については、かなり学び得たつもりである。

右文は、空海が、筆骨書法を大唐で学んできた旨を記している。典故は、「閑骨法」は『爾雅』釈詁・『東玉《カ》神女賦』（『文選』一九）・『翰林要訣』（『書史会要』第九）にみえる。

●**例60**(65)（**表6**）

空海於㆓海西㆒所㆓聴見㆒如㆑此。其中大小長短強柔齊尖者、随㆓字勢麤細㆒摠取捨而已。

空海海西に於いて聴き見し所此《かく》の如し。其の中に大小長短強柔斉尖《さいせん》なるものは、字勢の麤細《そさい》に随って摠《すべ》て取捨するのみ。

通釈 私が、大唐において聞き見て学び得たものはかくの如くであった。その中、筆には大小、長短、強柔、斉尖とあるが、どれを使用するかは、筆勢の麤細に随って、取捨選択して替え用いるのである。

右文は、嵯峨帝に狸毛筆を奉献するについての文章の中、大唐において用筆法を学びえたことを明かしている。また奉進する筆に対しても「空海自家試看㆓新作者㆒不㆑減㆓唐家㆒」とあり、製筆の方法にも、その自信のほどが窺える。
典故については、「大小長短」等は『墨藪』・『説文』第二にみえる。

●例61（66）**（表13）**

空海儻遇二解書先生一粗聞二口訣一雖レ然所レ志道別不二曾留一レ心。

空海儻《たまたま》解書の先生に遇って粗口訣《ほぼくけつ》を聞けり。然りと雖も志す所の道別にして、曾《かつ》て心に留めず。

通釈　私は、大唐において、たまたま解書の先生に遇い、ほぼ書道の口訣を聞くことができた。併しながら、志す道が違っていたために、本心から習学したことはないのである。

右文は、書道の至極の境地に到達するのは、なかなか至難なことであるが、たまたま大唐において、書道の口訣を聞きえたことを記している。典故としては、「解書先生」は『書史会要』第三・『韓詩外伝』第六・『李善《カ》三都賦』注にみえる。

以上の五例は、書法を大唐より学び帰ったことを、嵯峨帝に明らかにした文章である。これを総括すれば次の如くなる。**例57**は「王昌齢詩格」、**例58**は「飛白書」を奉献されたことを明かしている。**例59**は筆法について記している。**例60**は用筆法を示したものである。**例61**は書道の口訣を明かしたものである。つまり、書道と入唐を関係づけた文章は、その主張するところ、各々に異なった内容で表現されている。また唐朝のことを、空海は、「海西」「唐家」「在唐」の語をもって記している。

例56から**例61**までの典故についてみるに、『文選』に収録されているものが三例で一番多い。また典籍からの重複箇所はみられない。

次に、上表文の中でみられる入唐の記述について、その頻度を検索すると、嵯峨帝との交流が始まる最初期において、集中的に使用されている。嵯峨帝への最初の上表文（**表1**）は、終始謙遜表現のみをもって終っている。ついで**表2**から**表5**の文中に、入唐の語が集結して示されている。文章作成についての空海の入念な注意を窺うことができると共に、嵯峨帝に追随せんとする、空海の一面を覗きみることができよう。

第七節　上表文に托した願意と文末表現

上表文の最後の部分は、各文章を献上するにあたっての願望を示し、ついで書止めと日付を明かしている。そこに用いられる文章構造は、以下に検討するように、一定の形式に従っている。

●例62[67]**（表2）**

空海雖レ得二師授一未レ能二練行一。
伏望　奉二爲國家一率二諸弟子等一（以下一二一字略）
亦望　於二其中間一不レ出二住處一不レ被二餘妨一。（以下四五字略）
伏乞　昊天鑒二察款誠之心一。
不レ任二懇誠之至一。
謹詣レ闕奉表陳請以聞。
輕觸二威嚴一。

伏深戰越。
沙門空海誠惶誠恐謹言。
弘仁元年十月二十七日沙門空海上表。

空海師の授けを得たりと雖も未だ練行すること能わず。
伏して望むらくは国家の奉為《おんため》に諸の弟子等を率いて（以下二二字略）
亦望むらくは其の中間に於いて住処出でず余の妨《さまたげ》を被らざらんことを。（以下四五字略）
伏して乞う昊天款誠《こうてんかんせい》の心を鑑察したまえ。
懇誠《こんせい》の至《いた》りに任《た》えず、
謹んで闕《けつ》に詣でて奉表陳請以聞《ちんぜいいぶん》す。
軽《かるがる》しく威厳を触《けが》して、
伏して深く戦越す。
沙門空海誠惶誠恐《せいこうせいきょう》謹言。
弘仁元年十月二十七日沙門空海上表。

右文は、国家のために修法せんと請う上表文である。国家のために全身全霊を捧げて、修法しようとする決意がよく表れている。典故としては、「昊天」は『毛詩』小雅蓼莪・『爾雅』釈天にみえる。「伏深戦越」は『陸機詩』（『文選』二四）・『不空賀レ収二復西京一表』（『表制集』第一）にみえる。

●例63[68]**（表3）**

伏願　天慈曲垂二一覽一。
不レ任二葵藿之至一。
謹遣二弟子僧實惠一。謹隨レ狀奉進。
輕黷二宸嚴一。
伏深戰汗。
謹進
弘仁二年六月二十七日沙門空海進。

伏して願わくは天慈《てんじ》曲げて一覧を垂れたまえ。
葵藿《きくわく》の至りに任《た》えず。
謹んで弟子の僧実恵を遣《つか》わして、謹んで状に随えて奉進せしむ。
軽《かるがる》しく宸厳を黷《けが》す。
伏して深く戦汗す。
謹んで進《たてま》つる。
弘仁二年六月二十七日沙門空海進《たてま》つる。

右文は、陛下の高徳を仰慕している箇所である。文意は次の如し。伏して願わくは、陛下仁慈を垂れたまい、どうか一覧されんことを。ただ陛下の高徳を仰ぎ慕い奉るのみ、となり、ついで奉進の使僧の名を明記し、謹んで奉進している。典故としては、「天慈曲垂」は『邵陵王《ノ》上啓』（『広弘明集』）にみえる。「葵藿」は『李嶠《カ》詩』（『百詠集』上）・『北本涅槃経』三二師子吼品・『曹子建《カ》表』（『文選』）三七）・『左伝』成公一七年にみえる。

右二例共に、同じ文の形式によっている。すなわち**例62**の文は、「伏望云々」「亦望云々」「伏乞云々」と何度も畳み掛けて願望されており、つづいて「不任云々」とつづく。次に「謹云々」とあり、ついで「軽触云々」。伏深云々」とつづけて、書止め、日付で終る。**例63**もこれと同形式である。

上表文全体について、文末に用いているこの形式を整理すれば、次の如くなる。

まず、願望・希望を表す語句の冒頭は、

伏乞云々	表2・表4・表10・表11・表13・表14・表19の七つ。
伏望云々	表2・表12・表16の三つ。
伏願云々	表3・表8・表10の三つ。
伏望云々	表19の一つ。
今望云々	表18の一つ。

亦望云々	表2の一つ。
願云々	表14の一つ。
後願如是	表18の一つ。

と一八例みられ、「云々」の箇所に、各文章によってそれぞれ異なった願望の主旨を示している。

次に、「不任云々」のところは、

不レ任二懇誠之至一	表2	不レ任二葵嶠之至一	表3
不レ任二下情一	表8	不レ任二以レ身代ヲ物	表11
不レ任二鳧藻之至一	表15	不レ任二愚凡之至一	表16

とあり、重ねて懇願を強調するのである。

次に、書止めと日付について述べるが、この箇所で特色といえる語句に、「輕黷云々。伏メ深ク云々」を揚げることができる。以下この語句について検討する。

輕黷二聖眼一。伏深悚懼。	表5	輕黷二聖覽一。伏深職越。	表7	輕黷二旒扆一。伏深戰越。	表10	輕黷二威嚴一。伏深戰越。	表11
輕塵二宸扆一。伏深悚越。	表12	輕黷二聖覽一。伏增二流汗一。	表13	輕黷二宸嚴一。伏深戰越。	表15	輕黷二威嚴一。伏深悚汗。	表16

右に示したように、「軽黷云々」の語句八例は、一見して明らかなように、文章の形式は同じであり、この箇所で主張する意味も変らない。またこれら八例は、空海三七歳から五一歳までの一四年間にまたがっている。同じ文意での表現が求められる箇所で、しかも限られた八字が、全く同じ文章となっていないのは、文章に対する緻密な神経と周到な用意なくしてできるものではない。おそらく空海は、上表文の草案を手元に置き、参照していたに違いない。

次に、文末では、「軽黷云々」の句につづけて、「沙門空海誠惶誠恐謹言」と示す。この語句は、当時すでに定形語句として、「臣某誠惶誠恐　頓首頓首　死罪死罪」「謹言」のように、上表文の書止めに使用されていた表現である。空海の上表文において、この句は、空海三七歳（**表2**）の文に初めてみえ、次にみえるのは、三九歳（**表5**）においてである。三九歳の上表文は、**表5**・**表6**・**表7**の三つあるが、その内「沙門空海云々」の句がみえるのは、**表5**だけである。四〇歳（**表8**）以後、五一歳（**表17**）までは、すべての文に「沙門空海云々」の句が用いられている。これによって、次のことが明らかである。すなわち、空海が上表文の書止めにおいて、「沙門空海誠惶誠恐謹言」の語句を意識して用い始めたのは、四〇歳の時であろうと理解できる。

次に、願望の項の典故について示す。**例62**以後の文章を総括して、多いものより順次示すと、次のとおりである。『文選』からの引用は、八例で最も多い。ついで、『史記』『説苑』は共に三例、つづいて『漢書』『後漢書』『広弘明集』『表制集』『毛詩』は共に二例である。その他の典籍は、各々一例ずつみえ、広範囲にわたっている。

まとめ

以上、『性霊集』所収の一九の上表文において、文章を分解することによって、その文中にみられる文章構造の特色を検索した。その結果、判明した結論を、総括的に示せば、次のことが指摘できる。

一、上表文の構成は、表現内容から分類すると、大約六つの群に分別できる。各群における特色の詳細については、その箇所に結論として導き出しておいたので、そこに譲る。

一、上表文における文章構造の特色の一つは、主として対句表現（書出しの部分を除く）を用いていることである。これは、本章の諸例で取り扱った例文をみれば、一見して明らかなとおりである。

因みに対句は三言句から一一言句まで欠けるところなく用いられている。本章において取り扱った文章を、対句の頻度回数より言及すると、四言句が圧倒的に多く、順次八言句、六言句、一〇言句、七言句、九言句、五言句、一一言句、三言句となっている。また四言句の頻度は、八言句の二倍強であり、四言句と八言句を合わせたものは、その他の句をすべて集合した回数の二倍程度の出現頻度となる。これより空海は、四言句を文章構造の基礎としていることが理解できる。

一、上表文では、同文同語を意識的に避けている。また製作された年代別に検索した上からも、この配慮は確実になされている。文章作成における語句の詮索において、空海の緻密な神経と周到な用意を如実にみることができる。

一、『性霊集』所収の上表文は、空海が三六歳から五八歳の間に書いている。上表文において、文章形式が定型化した時期を探ると、弘仁四・五年（空海四〇・四一歳）と結論できる。それは次の三つの事項による。すなわち（一）文章の冒頭の部分、またはそれにつづく句絶の語句の使用例からみて、（二）天子を讃歎する讃歎句の構成から検討して、（三）書止めの用例から検索してのそれである。これらは、文章構造を分解することによって明確になりえた。

一、典故の問題については、本章では、典故として用いられたとみられる典籍の分類とその頻度の多少を探ることに留意した。空海が典故として用いたと考えられる典籍は、注釈書である。『遍照発揮性霊集鈔』（運敞著）・『遍照発揮性霊集便蒙』（運敞著）・『性霊集便蒙鈔』（泰音著）の三書には詳細に記されてあり、この三書によってほぼその大綱を見通すことができる。そこでここでは、これら三書に掲載されている典籍を逐一取り扱った。取り扱った文章を分析し整理すれば次の如くなる。回数の多いものより順次一〇ほど示すと、『文選』六二回、『荘子』一三回、『漢書』一三回、『史記』一〇回、『書史会要』九回、『尚書』九回、『周易』九回、『爾雅』七回、『毛詩』六回、『論語』六回等となる。

上表文の検討によって出しえた結論は、以上のとおりである。

註

（1）『文選』三七、表。李善注に「三王已前謂二之敷奏一。故尚書云。敷奏以レ言是也。至三奏井二天下一改為レ表（中略）六国及奏漢兼謂二之上書一。行二此五事一。至二漢魏一已來都曰レ表。進二之天子一称レ表。進二諸侯一稱二上疏一。魏已前天子亦得二上疏二」とある。また『文心雕龍』第五巻、章表篇では、上奏文の歴史と内容について詳説している。後世のものになるが明徐師会撰『文体明弁』表には「按字書。表者標也。標二著事緒一使二之明白一以告二乎上一也。古者献二言於君一皆称二上書一。漢定二礼儀一乃有二四品一。其三曰レ表。然但用二以陳請一而已」とある。つまり「表」とは、事の順序を明白に著して、天子に奉献する文章である。

日本古文書学の立場では「表」とは、上位に事を申し上ぐる文書の中、一般的名称で呼ばれない特殊なものとして扱われている（『日本の古文書』上、七六五頁以下。相田二郎著、岩波書店）。

ここで取り扱う空海の「表」形式の文章は、典故・文型共に実に中国的である。特にその内容が『文選』に依拠していることは、本章において明らかにしたとおりである。

（2）『全集』第三輯所収。各文章を本章の配列順次に従って示すと以下の如し。

表1　四三五頁、　表2　四三五—四三六頁、　表3　四三七頁、
表4　四四〇頁、　表5　四四一—四四二頁、　表6　四三八—四三九頁、
表7　四三九—四四〇頁、　表8　五二二—五二三頁、　表9　四四八—四四九頁、
表10　四四二—四四四頁、　表11　四四四—四四六頁、　表12　五二三—五二五頁、
表13　四二六—四二九頁、　表14　五一九頁、　表15　四四六—四四七頁、
表16　四四七—四四八頁、　表17　四四八頁、　表18　五二一—五二二頁、　表19　五二〇頁。

以上の文章は、本文終りの「書止」につづいて「日附」が記されているが、ここでの順次とするについ

て問題となるものを次に示す。

表4について。本文に「右随二先日命一書得奉進」とある（『遍照発揮性霊集便蒙』一〇巻、運敞著（以下『便蒙』と略称す）『真言宗全書』四二巻所収）。ここでの『便蒙』の頁数はこれによる。一一七頁上。および『遍照発揮性霊集鈔』（一七巻、運敞著（以下『性霊集鈔』と略称す））巻第四上、二四丁右に「前有下書二廷芝集一献表上。今重有レ旨書以献納。故今表有二珍素重汗之語一前表弘仁二年六月也」とある。

表5について。『性霊集便蒙鈔』（一七巻、泰音著（以下『便蒙鈔』と略称す））巻第四之一、二六丁左—二七丁右に以下の出典がみえる。「『濫墖嚢鈔』第二十曰、弘法大師弘仁二年多依レ勅補二乙訓寺別当一。『遊方記』第二曰、弘仁二年十月二十七日乙訓寺寺主願演与二檀家豪族一相議以レ寺献レ師。師移而住焉」。

表8について。『日本後紀』巻二二、弘仁四年正月の項に「丁巳。少僧都傳燈大法師位永忠請レ老。優詔不レ許レ之」とある。

表16について。『御遺告』（『全集』第二輯七八七頁）、『遺告諸弟子等』（『全集』第二輯八二五頁）に「天長皇帝即位任二少僧都一。再三奏辞不レ免在レ公」とある。『三十帖策子勘文』（『全集』第五輯五七九頁）に「天長元年祈レ雨有レ感超任二少僧都一」とある。

（3）『全集』四三五頁。註釈は、『性霊集鈔』巻第四上、二丁右・左。
『便蒙』一〇八頁上。『便蒙鈔』巻第四之一、初右—左参照、

（4）空海の文章の典故については、典故となっていると考えられる典籍の原文を逐一網羅するのが順当であると考える。典故は、『性霊集鈔』『便蒙』『便蒙鈔』の三注釈書に詳細に記されており、これによってその大綱を見越すことができる。だが典故の文章をすべて提示することは莫大な量のため、本論文の紙幅でもってこれを示すことはできない。ここでは、典故をこの三書に求め、註において出典箇所をすべて指摘

しその範囲内で取り扱う。本文中では、典籍の名称を示すことだけによって典故の問題に触れることとする。

（5）『全集』四三七頁。註釈は、『性霊集鈔』巻第四上・一一丁左―一二丁右、『便蒙』一一一頁上―下、『便蒙鈔』巻第四之一・八丁左、

（6）『全集』四四〇頁。註釈は、『性霊集鈔』巻第四上・二四丁右・左、『便蒙』一一七頁下、『便蒙鈔』巻第四之一・二二丁右・左。

（7）『全集』四三八頁。註釈は、『性霊集鈔』巻第四上・一九丁右、『便蒙』一一四頁下、『便蒙鈔』巻第四之一・一七丁右・左。

（8）『全集』四二六頁。註釈は、『性霊集鈔』巻第三・初右―二丁右、『便蒙』八〇頁下、『便蒙鈔』巻第三之一・初右―二丁左。

（9）『全集』四四一頁。註釈は、『性霊集鈔』巻第四上・二九丁右・左、『便蒙』一一九頁下、『便蒙鈔』巻第四之一・二六丁右・左。

（10）『全集』五二三頁。註釈は、『性霊集鈔』巻第九・一六丁左―一七丁左、『便蒙』三〇一頁上・下、『便蒙鈔』巻第九・一〇丁左。

（11）『全集』四四八頁。註釈は、『性霊集鈔』巻第四下・一二丁右―一三丁右、『便蒙』一三五頁下―一三六頁上、『便蒙鈔』巻第四之二・一七丁左。

（12）『全集』四四三頁。註釈は、『性霊集鈔』巻第四上・四〇丁右、『便蒙』一二四頁下、『便蒙鈔』巻第四之一・三七丁左。

（13）『全集』四三九頁。註釈は、『性霊集鈔』巻第四上・二二丁左―二三丁左、『便蒙』一一五下―一一六下、

『便蒙鈔』巻第四之一・一八丁左—二〇丁右。

(14)『全集』五一九頁。註釈は、『性霊集鈔』巻第九・四丁右、『便蒙』二九五頁上、『便蒙鈔』巻第九・初左—二丁右。

(15)『全集』四四七頁。註釈は、『性霊集鈔』巻第四下・一四丁左—一五丁右、『便蒙』一三二頁上、『便蒙鈔』巻第三之二・四丁右。

(16)『全集』五二〇頁。註釈は、『性霊集鈔』巻第九・七丁右、『便蒙』二九六頁下、『便蒙鈔』巻第九・四丁右。

(17)『全集』四四二頁。註釈は、『性霊集鈔』巻第四上・三二丁右—三三丁右、『便蒙』一二一頁上、『便蒙鈔』巻第四之一・三〇丁右—三一丁左。

(18)『全集』四四六頁。註釈は、『性霊集鈔』巻第四下・一一丁左—一三丁右、『便蒙』一三〇頁下—一三一頁下、『便蒙鈔』巻第四之二・八丁左—一〇丁右。

(19)『全集』四四八頁。註釈は、『性霊集鈔』巻第四下・一八丁左—一九丁左、『便蒙』一三四頁上・下、『便蒙鈔』巻第四之二・一四丁左—一五丁右。

(20)『全集』五二三頁。註釈は、『性霊集鈔』巻第九・二二丁左—二三丁右、『便蒙』三〇三頁下—三〇四頁上、『便蒙鈔』巻第九・一三丁左。

(21)『全集』四四七頁。註釈は、『性霊集鈔』巻第四下・一五丁右・左、『便蒙』一三二頁上・下、『便蒙鈔』巻第四之二・一二丁右。

(22)『全集』五二二頁。註釈は、『性霊集鈔』巻第九・一三丁右—一五丁右、『便蒙』二九九頁下—三〇〇頁下、『便蒙鈔』巻第九・八丁左—九丁左。

(23)『全集』四四四頁。註釈は、『性霊集鈔』巻第四下・初右―二丁左、『便蒙』一二六頁下―一二七頁上、『便蒙鈔』巻第四之二・初右―二丁左。
(24)『全集』四二六頁。註釈は、『性霊集鈔』巻第三・二丁右・左、『便蒙』八〇頁下―八一頁上、『便蒙鈔』巻第三之一、二丁左。
(25) 本文中、例1から例13まで。この中例1・例2・例3・例4・例9・例10では、冒頭に「沙門空海言」としていないが、冒頭で勅命に随った上表文であることを謳っていることには変りない。
本文中、例14から例21まで。例16の「沙門空海聞」は、「沙門空海言。空海聞」の略とみてよかろう。したがって、「表」形式における空海の文章は、すべてにおいて本文におけるこの形式によっているといえる。
(26)『全集』四四九頁。註釈は、『性霊集鈔』巻第四下・二三丁左、『便蒙』一三六頁上、『便蒙鈔』巻第四之二・二〇丁右。
(27)『全集』四四三頁。註釈は、『性霊集鈔』巻第四上・三七丁右―三八丁右、『便蒙』一二三頁上・下、『便蒙鈔』巻第四之一・三五丁右―三六丁右。
(28)『全集』四四四―四四五頁。注釈は、『性霊集鈔』巻第四下・二丁左―三丁右、『便蒙』一二七頁上、『便蒙鈔』巻第四之二・二丁左―三丁右。
(29)『全集』四四六頁。註釈は、『性霊集鈔』巻第四下・一三丁右―一四丁右、『便蒙』一三一頁下―一三二頁上、『便蒙鈔』巻第四之二・一〇丁右―一一丁左。
(30)『全集』四四七頁。註釈は、『性霊集鈔』巻第四下・一六丁左―一七丁右、『便蒙』一三三頁上、『便蒙鈔』巻第四之二・一三丁右・左。

(31)『全集』四四八頁。註釈は、『性霊集鈔』巻第四下、一九丁左―二一丁右、『便蒙』一三四頁下―一三五頁上、『便蒙鈔』巻第四之二・一五丁右―一六丁左。

(32)『全集』四三六頁。註釈は、『性霊集鈔』巻第四上・一〇丁左―一一丁右、『便蒙』一一一頁上、『便蒙鈔』巻第四之一・八丁右。

(33)『全集』四三七頁。註釈は、『性霊集鈔』巻第四上・一二丁左―一三丁右、『便蒙』一一二頁上、『便蒙鈔』巻第四之一・九丁左―一〇丁右。

(34)『全集』四四一頁。註釈は、『性霊集鈔』巻第四上・二九丁左、『便蒙』一一九頁下、『便蒙鈔』巻第四之一・二七丁右。

(35)『全集』四一八頁。註釈は、『性霊集鈔』巻第三・一七丁左―一八丁右、『便蒙』八八頁上、『便蒙鈔』巻第三之一・二五丁右・左。

(36)『全集』四三五頁。註釈は、『性霊集鈔』巻第四上・二丁左―三丁右、『便蒙』一〇八頁上・下、『便蒙鈔』巻第四之一・初左―二丁右。

(37)『全集』四三五頁。註釈は、『性霊集鈔』巻第四上・三丁左―五丁右。『便蒙』一〇八頁下―一〇九頁上、『便蒙鈔』巻第四之一・二丁左―三丁左。

(38)『全集』四三六頁。註釈は、『性霊集鈔』巻第四上・一〇丁左、『便蒙』一一〇頁下―一一一頁上、『便蒙鈔』巻第四之一・七丁左―八丁右。

(39)『全集』四三九―四四〇頁。註釈は、『性霊集鈔』巻第四上・二三丁右・左、『便蒙』一一六頁下。『便蒙鈔』巻第四之一・二〇丁左。

(40)『全集』五二二頁。註釈は、『性霊集鈔』巻第九・一七丁右―一八丁右、『便蒙』三〇一頁下―三〇二頁上、『便蒙鈔』巻第九・一〇丁左―一一丁左。

(41)『全集』四四八―四四九頁。註釈は、『性霊集鈔』巻第四下・二二丁左、『便蒙』一三六頁上、『便蒙鈔』巻第四之二・一九丁左。

(42)『全集』四四三頁。註釈は、『性霊集鈔』巻第四上・三八丁右―三九丁左、『便蒙』一二三頁下―一二四頁上、『便蒙鈔』巻第四之一・三六丁右―三七丁左。

(43)『全集』四四七頁。註釈は、『性霊集鈔』巻第四下・一五丁左―一六丁右、『便蒙』一三二頁下―一三三頁上、『便蒙鈔』巻第四之二・一二丁左―一三丁右。

(44)『全集』五二〇頁。註釈は、『性霊集鈔』巻第九・七丁左、『便蒙』二九六頁下、『便蒙鈔』巻第九・四丁右。

(45) 上表文中、入唐して書道を習学したことを明かす部分は、例57から例61までを参照。

(46)『全集』四三七頁。註釈は、『性霊集鈔』巻第四上・一一丁左―一二丁右、『便蒙』一一一頁下、『便蒙鈔』巻第四之一・九丁右。

(47)『全集』四三七頁。註釈は、『性霊集鈔』巻第四上・一三丁右・左、『便蒙』一一二頁上、『便蒙鈔』巻第四之一・一〇丁右・左。

(48)『全集』四三七頁。註釈は、『性霊集鈔』巻第四上・一四丁右―一五丁右、『便蒙』一一二頁、『便蒙鈔』巻第四之一・一二丁右・左。

(49)『全集』四四〇頁。註釈は、『性霊集鈔』巻第四上・二四丁左―二六丁右、『便蒙』一一七頁上・下、『便蒙鈔』巻第四之一・二二丁左―二三丁左。

(50)『全集』四四〇―四四一頁。註釈は、『性霊集鈔』巻第四上・二七丁左、『便蒙』一一八頁下、『便蒙鈔』

巻第四之一・二五丁右。
(51)『全集』四三九頁。註釈は、『性霊集鈔』巻第四上・二〇丁右、『便蒙』一一五頁上・下、『便蒙鈔』巻第四之一・一七丁左―一八丁右。
(52)『全集』四二六頁。註釈は、『性霊集鈔』巻第三・二丁左―四丁左、『便蒙』八一頁上・下、『便蒙鈔』巻第三之一・二丁左―三丁左。
(53)『全集』四二八頁。註釈は、『性霊集鈔』巻第三・一七丁左、『便蒙』八八頁上、『便蒙鈔』巻第三之一・二五丁右。
(54)『全集』四四〇頁。註釈は、『性霊集鈔』巻第四上・二七丁右・左、『便蒙』一一八頁下、『便蒙鈔』巻第四之一・二四丁右―二五丁右。
(55)『全集』四三五頁。註釈は、『性霊集鈔』巻第四上・三丁右・左、『便蒙』一〇八頁下、『便蒙鈔』巻第四之一・二丁右・左。
(56)『全集』四四七頁。註釈は、『性霊集鈔』巻第四下・一五丁左、『便蒙』一三二頁下、『便蒙鈔』巻第四之二・一二丁右・左。
(57)『全集』四四七頁。註釈は、『性霊集鈔』巻第四下、一六丁左、『便蒙』一三三頁上。『便蒙鈔』第四之二・一三丁右。
(58)『全集』五二二―五二三頁。註釈は、『性霊集鈔』巻第九・一八丁右には注解欠、『便蒙』三〇二頁上、『便蒙鈔』巻第九・一一丁左。
(59)『全集』五二四頁。註釈は、『性霊集鈔』巻第九・二二丁左―二三丁右、『便蒙』三〇四頁上・下、『便蒙鈔』巻第九・一四丁右・左。

(60)『全集』五二四頁。註釈は、『性霊集鈔』巻第九・二三丁右—二四丁左、『便蒙』三〇四頁下—三〇五頁上、『便蒙鈔』巻第九・一四丁左—一五丁左。
(61)『全集』四三五頁。註釈は、『性霊集鈔』巻第四上・五丁右・左、『便蒙』一〇九頁上・下、『便蒙鈔』巻第四之一・三丁左—四丁右。
(62)『全集』四三七頁。註釈は、『性霊集鈔』巻第四上・一二丁右・左、『便蒙』一一一頁下、『便蒙鈔』巻第四之一・九丁右・左。
(63)『全集』四三七頁。註釈は、『性霊集鈔』巻第四上・一四丁右・左、『便蒙』一一二頁下、『便蒙鈔』巻第四之一・一一丁右・左。
(64)『全集』四四〇頁。註釈は、『性霊集鈔』巻第四上・二七丁右、『便蒙』一一八頁上、『便蒙鈔』巻第四之一・二三丁左—二四丁右。
(65)『全集』四三八—四三九頁。註釈は、『性霊集鈔』巻第四上・一九丁右・左、『便蒙』一一五頁上、『便蒙鈔』巻第四之一・一一七丁左。
(66)『全集』四二七頁。註釈は、『性霊集鈔』巻第三・一一丁左—一二丁右、『便蒙』八五頁上、『便蒙鈔』巻第三之一・一七丁右。
(67)『全集』四三六頁。註釈は、『性霊集鈔』巻第四上・九丁左—一一丁左、『便蒙』一一〇頁下—一一一頁上、『便蒙鈔』巻第四之一・七丁左—八丁右。
(68)『全集』四三七頁。註釈は、『性霊集鈔』巻第四上・一五丁右・左、『便蒙』一一三頁上、『便蒙鈔』巻第四之一・一一丁左。

第二章　空海の願文の構造とその特色

はじめに

空海の思想は、空海自身が覚証した覚りの内容を披瀝したものである、という理解は適切であろう。それは、即身成仏思想であり、曼荼羅思想であり、顕密・仏身観等の展開として、空海自身が種々の論文で述べているとおりである。しかし第二章は、これらの空海の思想を問題とするものではない。第二章の目的は、空海の宗教活動を論じようとするものである。もちろん空海の行動には、おのずと自らの思想が具現されていることは当然なことである。だが空海の宗教活動を直接探る場合においては、思想論文はさほど重要ではなく、むしろ他に資料を求むべきであろう。

その資料収集には色々な方法があろうが、空海に即したものとしては、空海が自ら書いた願文が、量からみても第一等の資料であると考える。したがって第二章では、この願文に視点を当て、その検索のなかから、空海の宗教活動を明らかにしていきたい。

第一節　概　観

本節の目的は、空海の願文を考証することにある。

空海の願文類の大方は、『性霊集』の中に収録されており、その他のいくつかは『高野雑筆集』や開題類の中に見出すことができる。なかでも『性霊集』は、あくまでも中心的資料である。『性霊集』中の願文を検討した結果、空海の願文のいくつかの特色を見出すことができた。第一には、仏事法会の内容が多いことである。特に一周忌の法会が多いことが目立つ。その他三七日忌、七七日忌、三回忌、一三回忌がある。この周忌の仏事法会の関連としては、葬儀の問題もここに入れておく必要があろう。第二は、願文の内容として、造像・図絵・写経等を行なう特色がある。第三は、仏事法会に際して、講経を行なう特色がある。これら三つの特色は、空海の願文の中心課題である。この三つが中心課題である限り、次の問題が生ずる。それは、空海の文章の題目には、「願文」と表題をつけないで、この三つの条件をそなえた文章があるからである。それらの文には、「達嚫」「表白」「知識書」の題目がついている。したがって空海の願文の内容は、これらの文章をも交えて検討しなければならない[(1)]。その結果、願文として取り扱う文章は、四三通となる。その内年月が明らかなもの二六通、不明のもの一七通となる。これらの題目によって整理すれば次の如くである。(2) 年月日が明らかなものを資料1―Aとし、年月日が不明のものを資料1―Bとして二章末に付した。

空海の文章は、空海二四歳著『三教指帰』以後、三一歳入唐時の福州での「為大使与福州観察使書」までの間は、見出すことができない。願文関係としては、三三歳入唐時長安での「恵果和尚之碑」を始めとして、以後例示の如くつづいている。特に空海が日本において、その名を歴史のなかに現すようになったのは、三六歳の時から、嵯峨天皇を介してであるといえる。したがって三六歳からは、文章が随時多くなっていく。また対社会的な宗教活動は、四〇歳以後に積極的に行なっていく。願文の類は、宗教活動の文章であるから、当然空海の願文のそのほとんどは、四〇歳以後の文章となる。

以上、空海の願文を概観した。以下これらについて検討する。

第二節　四〇代以前の二通の文

空海の願文をみる時、四〇歳以前の二通の文**例1**・**例2**の文章は、空海の願文全般の中で重要である。

●例1

大唐神都青龍寺故三朝國師灌頂阿闍梨惠果和尚之碑

大唐神都青龍寺故三朝の国師灌頂の阿闍梨恵果和尚の碑

この碑は、一般的には「恵果和尚之碑」として知られている。空海三三歳の文。恵果和尚は、永貞元年（八〇五）一二月一五日遷化、元和元年（八〇六）正月一七日孟村に葬送し、碑を建てた。冒頭に「日本国学法弟子苾蒭空海撰文幷書」とある。「撰文幷書」との記載から、空海のこの文が碑刻されているとも考えられる。したがって、筆者は、数年来青龍寺を問題とし、青龍寺境内において、碑刻の有無を探っているが、まだ解決には至っていない。(3) 碑刻されていたとしても、おそらくその碑を見出すことはできないであろう。

この碑文には、空海の宗教活動に結びつくいくつかの重要事項がみられる。

その第一は、碑文の性格上当然であるが、悲嘆と追慕の表現である。文中、

①嗚呼哀哉。天返二歳星一人失二慧日一。筏歸二彼岸一溺子一何悲哉。醫王匿レ迹狂兒憑二誰解一毒。

嗚呼《ああ》哀《あわれ》なるかな、天歳星を返し、人慧日を失う。筏《いかだ》彼岸に帰んぬ。溺子《できし》一《いつ》に何ぞ悲しきや。医王迹《あと》を匿《かく》す。狂児誰に憑《よ》ってか毒を解かん。

②嗟呼痛哉。簡二日於建寅之十七一。卜二塋于城邙之九泉一。斷レ腸埋レ玉爛レ肝燒レ芝。泉扉永閉愬レ天不レ及。荼蓼嗚咽呑レ火不レ滅。天雲黲黲現二悲色一。松風飀飀含二哀聲一。庭際菉竹葉如レ故。隴頭松檟根新移。烏光激迴恨情切。蟾影斡轉攀擗新。

嗟呼《ああ》痛いかな、日を建寅《けんいん》の十七に簡《えら》んで、塋《つか》を城邙《せいぼう》の九泉に卜す。腸を断って玉を埋《うず》め肝を爛《ただ》らかして芝を焼く。泉《せん》扉《ぴ》永く閉じぬ天に愬《うった》うれども及ばず。荼蓼《とりょう》嗚咽して火を呑んで滅せず。天雲黲黲《さんさん》として悲しみの色を現し、松風飀飀《しつしつ》として哀しみの声を含めり。庭際の菉竹《りょくちく》は葉故《もと》の如し。隴頭《りゅうとう》の松檟《しょうか》は根新たに移す。烏光激迴《うこうげきかい》して恨の情切なり。蟾影斡転《せんえいあってん》して攀擗《はんぺき》新たなり。

とある。(4) この①②はつづいた文章であるが、悲嘆表現を理解しやすくするため分けておいた。①は、恵果和尚入滅後の悲哀を記している。恵果和尚の入滅は、我らは恵日を失い、彼岸に渡るべき船筏を失ったのも同じである。また、医王の如き恵果和尚の入滅によって、我らは煩悩の猛毒を治療するこ

ともできなくなった、の意。②は、埋葬の日と土地を示し、その悲しみを記している。天雲は悲しみの色を現し、松風は悲哀の声を含んで聞える。また草木を見るにつけても涙し、太陽も月も早く過ぎ去るにつけても皆悲哀にたえないのである、の意。

文中、「嗚呼哀哉」「嗟呼痛哉」の語は、悲嘆の一般的表現である。同類表現を他の文章でみておくと、**例11**は、弟子智泉が高野山で寂した時の文である。この文は、空海の悲嘆文中最も勝れたものである。文章の一句一句は、含蓄深く味わうべきものがある。悲嘆表現としては、「哀哉哀哉哀中之哀。悲哉悲哉悲中之悲」また「哀哉哀哉復哀哉。悲哉悲哉重悲哉」は、**例1**と同じ表現である。また**例36**は、弟子求寂真際が入滅した時の文である。文中「哀哉哀哉。佳城邃隔摳衣永絶。哀悼哀悼」とある。これも同じ表現である。これらの表現を文中に入れながら、悲嘆を述べている。

第二は、恵果和尚から直接密教を受法したことと、帰国のことが述べられている。[5]

嗟呼痛哉奈レ苦何。弟子空海。顧二桑梓一則東海之東。想二行李一則難中之難。波濤萬萬雲山幾千也。來非二我力一歸非二我志一。招レ我以レ鉤引レ我以レ索。泛レ舶之朝數示二異相一。歸レ帆之夕縷說二宿緣一。和尚掩色之夜。於二境界中一告二弟子一曰。汝未レ知。吾與レ汝宿契之深乎。多生之中相共誓願弘二演密藏一。彼此代爲二師資一非㆓只一兩度㆒也。是故勸㆓汝遠渉㆒授㆓我深法㆒。受法云畢吾願足矣。汝西土也接㆓我足㆒。吾也東生入㆓汝之室㆒。莫㆓久遲留㆒吾在㆑前去也。竊顧㆓此言㆒進退非㆓我能㆒去留隨㆓我師㆒。

嗟呼痛いかな、苦しみを奈何《いかん》せん。弟子空海、桑梓《そうし》を顧みれば則ち東海の東、行李《こうり》を想えば則ち難中の難なり。波濤万万として雲山幾千ぞ。来ること我が力に非ず、帰らんこと我が志に非ず。我を招くに鈎《こう》を以てし、我を引くに索《さく》を以てす。船を泛《うか》べし朝には数《しばしば》異相を示し、帆を帰す夕には縷《くわ》しく宿縁を説く。和尚掩色《えんしょく》の夜、境界の中に於いて弟子に告げて曰く、汝未だ知らずや。吾と汝との宿契の深きことを。多生の中に相共に誓願して密蔵を弘演《ぐえん》す。彼此代に師資と為ること只一両度のみに非ず。是の故に汝が遠渉を勧めて我が深法を授く。受法云《ここ》に畢《おわ》んぬ。我が願も足んぬ。汝は西土にして我が足を接す。吾は東生して汝が室に入らん。久しく遅留《ちりゅう》することなかれ。吾前に在って去らんと。竊かに此の言を顧みるに、進退我が能《よ》くするに非ず。去留我が師に随う。

恵果和尚の弟子である空海は、東海の東より、至難の道程を経て、波濤万々たる大海を越えて長安に来た。今ここに恵果和尚に遇えたのは奇遇であり、その密蔵を受法したのは宿縁そのものである。空海は「受法ここに畢んぬ。吾が願も足んぬ」とあり、受法が終ると共に、自らの入唐留学の願もここに終ったことを記している。そして「久しく遅留することなかれ」とは恵果の願であり、「去留我が師に随う」と、恵果の懇請によって帰国することを記している。帰国の目的は、「吾と汝と宿契の深きことを。多生の中に相共に誓願して密蔵を弘演す」とある。つまり帰国して密教を流布することは、師恵果が空海に与えた誓願である。ここで「久しく遅留すること莫れ」と恵果が言ったと記していることは、空海自らの心境そのものであったのであろう。同様の表現を他に求めれば、空海が帰朝後すぐ書いた『御請来目録』の中には、

如今此土縁盡不レ能二久住一。宜下此兩部大曼荼羅。一餘部金剛乘法。及三藏轉付之物。竝供養具等。請歸二本鄕一流中傳海內上。纔見二汝來一恐二命不レ足。今則授法有レ在。經像功畢。早歸二鄕國一以奉二國家一。流二布天下一增二蒼生福一。然則四海泰萬人樂。是則報二佛恩一報二師德一。爲レ國忠也於レ家孝也。義明供奉此處而傳。汝其行矣傳二之東國一努力努力。付法殷勤遺誨亦畢。

如今《いま》此の土の縁尽きぬ。久しく住すること能わず。宜しく此の両部大曼荼羅、一百余部の金剛乗の法、及び三蔵転付の物、並びに供養具等、請う本郷に帰って海内に流伝すべし。纔《わず》かに汝が来たれるを見て命の足らざることを恐れぬ。今則ち授法の在る有り。経像功畢《おわ》んぬ。早く郷国に帰って以て国家に奉り、天下に流布して蒼生の福を増せ。然れば則ち四海泰《やす》く万人楽しまん。是れ則ち仏恩を報じ師徳を報ず。国の為には忠なり。家に於いては孝なり。義明供奉は此処にして伝えん。汝は其れ行きて之を東国に伝えよ。努力《つとめよ》や努力《つとめよ》やと。付法慇懃《いんぎん》なり。遺誨《ゆいかい》も亦畢んぬ。

とある。(6) これも前文と同意である。「今この土の縁尽きぬ。久しく住すること能わじ」とあり、長安で得た両部の大曼荼羅等を持って「本郷に帰って、海内に流伝すべし」。すべての受法が終ったのだ

から、「早く郷国に帰って、以て国家に奉り、天下に流布して、蒼生の福を増せ」とある。そしてこのことが「仏恩に報じ、師恩を報ず」ることだと記している。

これらの文章から読み取れるのは、空海は唐土においてすでに、日本での密教宣布を、想像し具体化されていたことがわかる。つまり空海の帰朝は、日本国家を対象としての密教流布であることが理解できるのである。

第三には、より具体的に、恵果から灌頂を受法したことを主張している。空海は永貞元年（八〇五）の六月一三日には、学法灌頂に入って胎蔵の灌頂を受け、七月上旬には金剛界の灌頂を受け、八月一〇日には阿闍梨位の伝法灌頂を受ける。ここに金胎両部を授かり、師資相承して密教の法燈を継いだのである。つまり入唐の目的を達したのである。

この灌頂という行事は、「恵果和尚之碑」の中では、空海にとって最も重要な出来事である。密教の正統なる法脈を継承したこと、これが帰朝後の空海の密教思想と宗教活動を完成させるのである。空海は帰朝後の日本における密教興隆の具体的実践とその終結について、すでに唐土で模索を終えていた。したがって即刻帰朝しなければならなかったのである。碑文の中で恵果和尚のことについて「三朝之を尊んで以て国師と為す」と言っている。つまり恵果は代宗・徳宗・順宗の三朝の国師であるとしている。「三朝の国師」の語は注視すべきである。『御請来目録』には、恵果について、「徳は惟れ時の尊、道は則ち帝の師なり。三朝之を尊んで潅頂を受け、四衆之を仰いで密蔵を学す」とあり、

同じ表現をしている。(7)さらに『御請来目録』には、

爰則周二遊諸寺一訪二擇師依一。幸遇二青龍寺灌頂阿闍梨。法號恵果和尚一。以爲二師主一。其大徳則大興善寺大廣智不空三藏之付法弟子也。

爰に則ち諸寺に周遊して師依を訪《とぶら》い択《えら》ぶに、幸いに青龍寺の灌頂阿闍梨、法の号《いみな》恵果和尚に遇いて、以て師主と為す。其の大徳は則ち大興善寺大広智不空三蔵の付法の弟子なり。

とある。(8)ここに空海の師は恵果であるが、恵果の師は不空であるといっている。その不空について『付法伝』では、「粛宗代宗に訖るまで、三朝皆灌頂の国師と為す」とあり、(9)『略付法伝』には、「玄宗深く敬って之を遇す。遂に三代の国師と為って、禁闈に出入す」とある。(10)つまり空海の思考のなかでは、三朝の国師としての密教の阿闍梨の姿は、入唐時にすでに意識のなかに覚証されていたと考えねばならない。帰朝後の空海の宗教活動のなか、天皇皇族への灌頂儀式は、このことを示すのである。つまり不空も恵果も三朝の国師である。その法を継承した空海自身が、三朝の国師であることは、また当然なる宗教活動となるのである。「恵果和尚之碑」から、このことを読み取らねばならない。

以上、空海の願文には、その文章内容の性格から、葬儀についての文も同様に取り扱うことが必要であることを見出し、ここに指摘した。

その第一は、「恵果和尚之碑」(**例1**)であり、先に論じた。葬儀については、他に二通みられる。

「為㆓亡弟子智泉㆒達嚫文」、（例11）「為㆔弟子求寂真際入㆓冥扉㆒達嚫文」（例74）がそれである。特に例11は、空海の甥であるところの弟子智泉が三七歳で入寂した時の文である。悲嘆切々たるものがあり、古来より哀悼文の代表とされる文である。今はその文章の内容を論ずるものではない。つまり空海の宗教活動としては、仏事法会が中心となっているのであり、その中に葬儀が含まれていることを指摘しておきたい。なぜならば、葬儀における文章は、筆者の知るところ、日本では空海以前にはないからである。そしてそれは中国における南北朝・隋代においても見られない文体である。そうであるとすれば、日本で葬儀を仏教行事として行なったのは、主体的には空海からであるといえるのではなかろうか。

因みに、本文で取り扱っているところの「願文」「表白」「達嚫」という文体は、『文選』にはない。『文選』では、文体別に三七体に分類してある。『文選』所収の文体または文章は、教養として誰もが暗記していた。随の文帝時代より約一三〇〇年間も行なわれた科挙の試験に及第しようとする者には、『文選』の文章は必須の文章であった。「願文」「表白」「達嚫」の文体が、『文選』にないことは、いわゆる儒教を中心とする言語体系または政治体制のなかでは、さほど必要がない文体といわねばならない。するとこれらの言語体系は、どこに求めればよいのであろうか。それは当然のことであるが、儒教側ではなく、仏教側に求めねばならない。

「達嚫」という語は、儒教体制の言語体系の中には、語彙として使用されていない。もちろん「達嚫文」という文体もみられない。「達嚫」の語の基を探れば「達嚫」とは、漢語ではなく、梵語 dakṣiṇā の音訳である。漢字では、嚫、達嚫、噠嚫、達儭、達䞋、達襯、達𢹿、達𢹿拏、大𢹿、などにあてられ、「ダッシン」と濁って読まれている。その意味は、もとは乳の出る牛、祭儀の謝礼（謝礼には牛を充てていた）、施物という意味である。各種の経典類をみると、[11] それらは主として在家から施食を受けて、食を終えると施主に対して法を説くことを達嚫と名づけている。つまり達嚫のもとの意味は、在家の施主に対する僧の法施であることが理解できる。

さて、中国においては、達嚫という言葉は、どのように理解されていたであろうか。独立した民族である中国人の、その民族の意思表現の言語である漢字のなかでの意味づけをみておきたい。まず「嚫」とは、ほどこす（嚫施）の意であり、「儭」「䞋」「襯」に通じる。これより「嚫銭」「䞋銭」「儭銭」「襯銭」という語があるが、いずれも僧にほどこす銭、布施の意である。『玉篇』には、「嚫、嚫施也」とある。「達嚫」という語になると、不思議なことに、中国儒教体制の言語体系のなかには、語彙として使用されていないことは、先に触れたとおりである。

しかしなおかつ執拗に「嚫」という語から探れば、「達嚫」は梵語の音訳としての言葉であった。したがってやはり第一義は、布施の意味となっている。そしてなおかつ、中国においてその意味づけを探っていけば、仏者の間のみで用いられている。つまりそのような事情を精査していくと、「達嚫文」とは、文章を布施する意味に解せざるをえないのである。この意味に解した文章は、敦煌文書の中にみられるのである。

たとえば、「営葬牓」唐乾寧二年（八九五）の文章がある。文中に「僧統和尚遷化、今月十四日葬」とある。つまり唐代における僧統の葬儀を知ることができる文章である。故人の肖像画を車に掛けていたことなど、葬儀の様子が理解でき興味深い。僧統悟真にも唐の僖宗の広明元年（八八〇）、すでに蘇翬選・恆安書の『河西都僧統（中略）賜紫悟真貌真讃』なるものがある。つまり僧侶の最高位の僧統の達嚫文は、高僧の場合は、ここに弟子が、師の人徳・功績を讃歎していることが理解できる。

今「恵果和尚之碑」は、弟子空海が書いた、師恵果の追悼文である。「碑」も「達嚫」も、文章に含める意味表現は同じような内容であってよい。ただ「碑」の場合は、刻することを予想しているので、語彙の選定、配列などには、それなりに注意せねばならない。空海の文章で「達嚫」と題名されている文章**例11**・**例13**・**例22**・**例30**・**例36**をみると、これも**例1**の碑と同じ性格をもっている。つまり追悼的性格が強いものを集めて、達嚫と題名した傾向がみられる。

●例2

爲㆔田小貳設㆓先妣忌齋㆒願文一首

田小弐が先妣の忌斎を設くる為の願文一首

九州大宰府の次官である田中氏の先妣の一周忌に際しての願文である。この願文は、空海が書いた最初の願文である。三四歳。空海の願文の文体・内容表現は、共にこの願文に含まれている。よって空海の願文は、すでにこの時点で完成しているといわねばならない。それでは空海の願文とは、どのようなスタイルなのかについてみてみよう。

　願文は、父母の恩の広大無限であることを述べ、ついで仏の不可思議力を讃歎する。ついで、「伏して惟れば、先妣田中氏は、婦徳桃林よりも瓞茂たり。母儀蘭苑よりも芬馥たり」とある。ついで「(前略) 斗建を記せざるに、漏鐘矢の如くにして、周忌忽ちに臨めり」とある。つまり大宰府の小弐田中氏の、母の一周忌に際しての願文であることが理解される。時は文中に「大同二年仲春十一日」とある。仲春は旧暦の二月、だから大同二年二月一一日である。

　空海の願文は、一般に仏事法会に際しての願文であるといえる。**例2**は、母の一周忌ということになる。この仏事に関して、像造・図絵・写経・講演等がなされるのも、空海の願文の特色である。今は、

恭圖二繪千手千眼大悲菩薩。竝四攝八供養摩訶薩埵等一十三尊一。幷奉レ寫二妙法蓮華經一部八軸。般若心經二軸一。兼掃二洒荒庭一聊設二齋席一。潔修二香華一供二養諸尊一。

恭《つつし》んで千手千眼大悲菩薩、並びに四摂八供養摩訶薩埵等の一十三尊を図絵し、幷びに妙法蓮華経一部八軸、般若心経

　　二軸を写し奉り、兼ねて荒庭を掃洒《そうさい》して聊《いささ》か斎席を設けて、潔く香華《こうげ》を修し諸尊を供養す。

とある。(12) つまり図絵として千手千眼大悲菩薩、四摂八供養魔訶薩埵等一三尊。経典書写として『妙法蓮華経』一部八軸、『般若心経』二軸を写経せしめている。

願意としては、写経・図絵の功徳によって、先妣の魂が、迷霧を晴らして、大日如来の仏智を体得せられんことを、としている。更にこの功徳によって、現世の父が長寿であること、更にはこの福を聖朝に廻らし、天下太平であること、更には一切有情の平等なる利益の義を明かしている。

以上**例2**によって願文の基本型をみることができた。つまり願文は仏事法会のなかで書かれているのであるが、その仏事を行なうことによって、造像・図絵・写経をなしたり講演を並行して行なっている。これが空海の願文の特色である。

空海の願文全般にわたって、この特色を整理すれば、次の如くなる。例示の番号は、第二章末表、資料1の願文番号と同じである。

第三節　願文の構造と法会の施主・目的

第二章末の表、資料2によって、空海の願文を一覧できる。まず施主をみると、同一人物が何回か登場する。淳和天皇、笠仲守、藤原賀能がそれである。

(一)　淳和天皇に関しては、四通みられる。

●例12

被レ修二公家仁王講一表白

公家の仁王講を修せらるる表白

●例13

奉二爲桓武皇帝一講二太上御書金字法華一達嚫

桓武皇帝の奉為に太上御書の金字の法華を講ずる達嚫

●例15

天長皇帝於二大極殿一啒二百僧一雩願文

天長皇帝大極殿に於いて百僧を屈して雩《あまごい》する願文

●例18

天長皇帝爲㆓故中務卿親王㆒捨㆓田及道場支具㆒入㆓橘寺㆒願文

天長皇帝故中務卿親王の為に田及び道場の支具を捨てて橘寺に入る願文

例12は、仁王講を修す願文である。仁王講とは、仁王会のことで、鎮護国家万民豊楽のために、『仁王般若経』を講讃する勅会のことである。この仁王会は天長二年七月一九日、淳和天皇の勅命で行なわれている。主意は次の如し。

まず、仁王経主の徳は絶大であることを述べ、ついで淳和帝の徳を讃歎し、ついで仁王会を修するありさまを記す。「宮中及び五畿七道に於て、一百師子の座を設け、八百怖魔の人を延いて、一日両時に仁王護国般若経を演べ奉る」とある。次に、順次『仁王経』の功徳について述べる。『仁王経』の諸菩薩の功徳によって、玉体永遠にして、天下太平、皇祖の増福を祈念する。太上天皇は、益々長寿にして御徳盛んであり、皇太子の御徳も盛んである。文官武官忠節を尽くし、忠良なる群臣は尽きることがない。功徳は、普く衆生動物植物の情非情の一切の衆にまで及び、皆等しく解脱し仏果の蓮台に昇るのである。

例13は、淳和天皇が、父である桓武天皇のために、兄嵯峨上皇の真筆の『法華経』をもって、西寺において「法華八講」を行じた時の文である。文意は次の如し。仏は経典を著すのであるが、一乗の教えは外道や老儒より勝れていることを述べ、ついで嵯峨・淳和両帝の徳を讃歎する。次に、延暦二五年三月一七日、桓武天皇が崩御された。そこで嵯峨上皇は、「太上親ら龍管を握って、大行皇帝の奉為に、金字の『法華経』一部七巻を奉写して」、桓武皇帝の深高なる恩徳に応えたのである。しかしこの『法華経』は、西寺に収められたものの、前年の冬雷火のために焼失した。そこで去年の春、嵯峨上皇を始め、宮方が冷然院の庵室において、金泥の『法華経』を書写した。淳和天皇は、父桓武帝の恩徳に報いんと思い、西寺において、名僧を招請して、八日間、太上嵯峨帝の金字の『法華経』をもって、講演せられたのである。願わくは、この「法華八講」の功徳を桓武帝に廻らし、さらに嵯峨上皇、淳和天皇、そして太子に及ぼさんことを。また良臣賢臣、万民共に五風十雨にして五穀豊饒、三界における一切の衆生をも含めて、天下太平にならんことを念じている。

例15は、淳和天皇が、大極殿において、一〇〇僧を請じ、『大般若経』を読誦し、雨請いを勤めさせた願文である。淳和帝が身心を潔め、仏徳を嘆じ、仏の感応を信じるが故に、仏を信仰することを明かす。雨を河神・山神に祈るも益なく、なお旱魃の続くのを、自分の不徳として、万民に罪なしとし、諸仏諸天善神等に祈っている。雨降れば、五穀天下に稔り、百姓たちは余糧を得て、天下太平に治まる。そのための皇帝の苦心努力を誓願としている。しかして甘露の法水を得て、皆共に仏地の覚道に至らんと念じている。

例18は、淳和天皇が、伊予親王一三回忌の追福のために、田地および道場の支具等を橘寺に施入した時の願文である。まず法身大日如来の真言の教えは、五乗三乗の及ばないところである、と述べる。次に、伊予親王の徳を嘆じ、親王の入寂を説く。夫人一門の悲嘆はいかばかりか、国を挙げて哀悼を奉るのである。淳和天皇は、追福を祈って、「謹んで天長四年九月を以て、敬って薬師如来の羯磨身と日月遍照両大士の羯磨身とを造り、金文の蓮華法曼荼羅を写す」とある。つづいて、僧空海を始め諸僧を集め、「法華八講」を四日間勤めた、とする。伏して願わくは、この法の功徳によって、伊予親王の霊を清浄にせしめ奉らんことを。かつこの善根を有情・非情の集まる世界に回向し、一切のものに仏界を体得させる、とある。

例18の伊予親王に関しては、他に一通の願文がある。

●例27

東太上爲㆓故中務卿親王㆒造㆓刻檀像㆒願文

東太上故中務卿親王の為に檀像を造刻する願文

この文は、嵯峨天皇が、伊予親王のために、白檀の仏像を彫刻して、菩提を弔われたものである。初めに、仏の徳を嘆じ、仏の功徳広大であることを述べる。次に、嵯峨天皇の高徳を嘆じて、造像のいわれを説く。すなわち、「所以に故の中務卿の親王、及び故の夫人藤原氏の為に、敬んで刻檀の釈迦牟尼仏の像一軀、観世音菩薩の像一軀、虚空蔵菩薩の像一軀を造り、並びに金銀の泥をもって四大忿怒王の像四軀、四摂八供養八大天王の像等を画き、各々法曼荼羅三昧耶曼荼羅を副えて、兼ねて法侶を延いて、斎筵を開き肆ぶ」とあり、仏像、図絵の供養の徳を述べている。最後は願意と回向である。つまり伏して願わくは、この法の功徳によって、伊予親王の霊を抜き、菩提の智徳を体得せしめ、また一切の霊も人も共に平等に、五智を体得し、仏の加護に俗さんことを、とある。

右に、淳和・嵯峨両帝の願文を検討した。そこでは、造像、図絵、写経、講演等が具体的になされている。天皇を施主として、その願意を述べているので、これらは空海が目的とする願文の形式では、襟を正した正式な表現と内容を含んだ文といえよう。これより考えるに、造像、写経等の製作は、具体的な密教宣布の表れなのである。他の願文も、そのほとんどがこの方法を用いている。

(二) 笠仲守に関しては、三通みられる。

●例4

爲㆓式部笠丞㆒願文

式部笠丞が為の願文

●例10

笠大夫奉㆓爲先妣㆒奉㆑造㆓大曼荼羅㆒願文一首

笠大夫先妣の奉為に大曼荼羅を造り奉る願文一首

●例16

大夫笠左衛左爲㆓亡室㆒造㆓大日楨像㆒願文

大夫笠左衛左亡室の為に大日の楨像《ちょうぞう》を造る願文

例4は、式部丞笠の仲守が亡父追福のため、十一面観音像を造り、墾田一町を某寺に寄進した時の願文である。文意は次の如し。法身の徳を嘆じ、法身の境地は老儒の窺い知ることができないことを述べる。この法身の一徳は、大悲の徳を司る観世音菩薩にあり、その十一面観世音菩薩を、亡父は縁を得て、塊の桃木で造った。この観音を見るにつけ、亡父の種々のことが思い出される。今は墾田一町歩を施入し、永く燈明料として奉献する。この功徳が有情非情、動物植物にまで及ばんことを、いうのである。

例10は、笠の大夫仲守が、亡母の一周忌菩提のために大曼荼羅を造り、聖霊の得脱を祈った時の願文である。まず仲守が、金剛蓮華部の四種曼荼羅に帰命する。次に、両部曼荼羅に説く密教の法は、老儒の教え、小乗、大乗の及ばざるところである。次に、亡母在世の徳、信仰心を説き、亡母の誓いは、粉身接骨してまでも、曼荼羅や秘経を図写せんとするところにあった、とする。その母が忽然として逝去した。一周忌に至り、その意思をつぎ、母の本願を果さんために、曼荼羅と経典を図写し、供養されたことを述べている。すなわち、「謹んで天長元年孟冬二十二日を以て、先妣の本願を遂げんが為に、大日の微細会の漫捺羅一鋪九幅七十三尊を図し奉り、并に大日経等の若干の部巻を写し奉る」とある。ついで「兼て法侶を延いて大日の法智印を講演す」とあり、『大日経』を講演している。以下、大曼荼羅の相、書写の経文、経典読誦の功徳を述べる。最後に回向として、この功徳が鳥類、獣類、一切有情に至るまで及び、皆同じく法界に登入せんことを、と念じている。

例16は、笠の大夫仲守が、亡妻の一周忌菩提のために、大日如来の楨像を謹製した時の願文である。大日如来の徳、妻の素性と死、子供等の愁いを述べ、一周忌を迎えたことを明かす。ついで「謹んで天長四年五月二十二日を以て、尭霊を済わんが為に、大日の一印曼荼羅一鋪五幅を図し奉り、并びに広眼の法曼荼羅一部七巻を写し、兼て神護寺に於て、聊か法席を肆べて、大日経を講ず」とある。ここでも前文と同じく、『大日経』を講演している。文末は、この功徳によって、一切の有情すなわち鱗角の角獣、羽毛の鳥獣飛沈の鳥魚、走躍の獣類等に至るまで、皆共に覚殿に入らんとの回向で終る。

以上の三通も、先の天皇に関する願文と同じ形式と内容をもっている。願文の内容は、仏事法会であり、その仏事法会が密教宣布の具体的な行動であること、そしてその功徳を鳥類、魚類、獣類等に至るまでの一切のものにまで及ぼさんと回向するのである。

㈢　藤原賀能に関しては、四通みられる。賀能とは、もちろん空海入唐の時、遣唐大使であった藤原葛野麿その人である。入唐に際して艱難辛苦を共にした人である。帰朝後の親交の様子が窺える。

例3

爲㆓藤中納言大使㆒願文

藤中納言大使の為の願文

例25

藤大使中納言爲㆓亡兒㆒設㆑齋願文

藤大使中納言亡児の為に斎を設くる願文

例26

藤大使爲㆓亡兒㆒願文

藤大使亡児の為の願文

例7

爲㆓故藤中納言㆒奉㆑造㆓十七尊像㆒願文一首

故藤中納言の為に十七尊の像を造り奉る願文一首

例3は、藤原賀能・空海共に同船して、入唐の際、暴風雨に遭ったが、一命を神仏に祈り、無事航海を得たその御礼の願文である。原文には、「風波天に沃いで人力何ぞ計らん。自ら思わく、冥護に因らずんば、寧ろ皇華の節を遂ぐることを得んや」とある。人力如何ともしがたいので、神助を得んと祈願したのである。即ち「祈願すらく、一百八十七所の天神地祇等の奉為に、金剛般若経を神毎に一巻を写し奉らん」とある。つまり一八七の天の神、地の神に、『金剛般若経』を神毎に一巻を写して奉らんと願ったのである。そのためか、海は静まり無事に航海することができ、遣唐使の願望を遂行しえたのである。帰朝してのち、この約束をここに果したのである。この文を読んで興味あることは、仏教者である空海も、艱難に際して神に祈っていることである。つまり空海の時代にすでに、神仏が信仰として融合している日本人の宗教観が、如実に書かれていることは興味あるところである。

例25の一文は、散逸して二三字が残っているだけである。

例26は、まず仏の境界を明かし、次に亡子の孝心を述べ、次に親の悲しみ、次に亡息の周忌を行なう願意を述べ、次に現衆への回向が説かれている。**例25・例26**共に、亡息周忌の願文である。

例7の願文。藤原賀能は、弘仁九年（八一八）一一月一〇日入寂。行年六四。文中に明らかな如く、「終りに臨んで余に一の紫綾の文服を遣れり」と。つまり臨終に際して、空海に紫綾の文服を贈っている。空海は、賀能の追福のために、この綾服を地とし、金銀を綵として、理趣会の一七尊の曼荼羅を図会し、さらに『理趣経』一巻を書写して、賀能の三回忌を供養した。その時の願文である。

なお、空海と関係があった藤原氏には、願文として藤原賀能の他に、次の二通がみられる。

●例17　右將軍良納言爲㆓開府儀同三司左僕射㆒設㆓大祥齋㆒願文

右将軍良納言開府儀同三司左僕射の為に大祥の斎を設くる願文

良納言とは、良岑の朝臣安世のこと。大納言良岑が、兄藤原冬嗣の三回忌に際し、斎会をもうけた時の願文である。良岑は、弘仁七年（八一六）に参議に任ぜられ、同一二年に中納言、同一四年に右大将となり、天長五年（八二八）に大納言に任ぜられ、同七年七月六日に四六歳で入寂した。冬嗣は、天長二年左大臣に任ぜられる。同三年正二位になり、七月二四日五二歳で入寂した。今の斎会は、本文に「謹んで天長四年孟秋の季旬を以て、先の左僕射の大祥の奉為に」とある。天長四年七月である。冬嗣は、天長三年に寂しているので、一周忌である。文中「大祥」とあるが、これは三回忌のことである。したがって大祥とあるは「小祥」の写し誤りである、と『便蒙』にある。

本文は、初めに金胎両部の徳を讃歎する。次に、枝派である九種の住心は、結局一と多の関係で、結局は秘密乗教の一に帰一する、ことを述べる。ついで冬嗣の人となりを讃え、謙虚であって質朴、よく天子に仕え、その徳は僧俗各面からしたわれていたことを述べる。次に、冬嗣の死去を記し、悲しみを明かし、自分に教示を賜うたその恩を偲んで、供養することを明かしている。文中に「金字の金剛般若経一十二紙を写し奉る。之を延くに龍象をもってし、之を衍ぶるに湧泉をもってす」とある。

つまり『金剛般若経』一二紙を写し、僧を招請して、講演していることが明らかである。そして講讃会場の様子と、煩悩を断じて解脱を得る功徳を明かす。次に、「伏して願わくは、この功徳によって般若の智慧を輝かし、速やかに生死の迷いを越えて、法界に優遊せられんことを」と願意を表す。文末には回向が説かれ、淳和天皇、嵯峨上皇の長寿を祈り、皇族文官武官、かつ生類皆悉く無余涅槃に入り、彼岸に至らん、とある。

●例32

藤左近將監爲㆓先妣㆒設㆓三七齋㆒願文

藤左近将監先妣の為に三七の斎を設くる願文

これは、藤原左近将監が、先妣のために三七の斎会を催した時の願文である。先妣は、弥勒菩薩を持念仏とされていた。弥勒菩薩は、大日如来の眷属の上首であり、今は一切衆生救済のために下生している、と述べる。次に先妣の徳を述べ、長寿を期待していたが死滅した、とその悲しみを悼む。ここに先妣の三七日忌を高雄の道場で修し、その冥福を祈る。この功徳によって一切衆生悉く、本覚を得、仏果を体得せんことを、とある。

以上によって、空海の願文の趣旨と構造を知りえた。その他の願文については、大約同じ構造なので、内容羅列の繁を恐れて、以下の如くまとめておく、

(四)　葛木・三島・菅野・和気・清原・荒城氏関係の願文。

●例8

葛木參軍設二先考忌齋一願文一首

葛木の参軍先考の忌斎を設くる願文一首

●例20

三島大夫爲二亡息女一書二寫供三養法華經一講説表白文

三島大夫亡息女の為に法華経を書写供養して講説する表白の文

●例24

爲二管平章事一願文一首

菅平章事の為の願文一首

●例29

和氣夫人於二法華寺一奉レ入二千燈料一願文一首

和気の夫人法華寺に於いて千燈料を入れ奉る願文一首

●例30

爲二前清丹州亡妻一達嚫一首

前の清丹州亡妻の為の達嚫一首

●例31

荒城大夫奉㆑造㆓幡上佛像㆒願文一首

荒城大夫幡の上の仏像を造り奉る願文一首

●例33

播州和判官攘灾願文

播州の和判官が攘災の願文

以下、右の七通について、その要旨を追っていく。

例8は葛木の参軍が、亡父のために忌斎を催すにあたっての願文である。この願文も文章構造は、願文の一定形式に従っている。その主意を示せば、初めに、父母の恩には報い難し。その父母の養育の恩を受けるのは、経法の力によるのである。この仏の徳は広大で、衆生を済度する功徳力は大きい、と説く。次に、亡父が親に孝、兄弟には友愛厚く、忠義であって信仰心も厚かった。この父が逝去し、悲嘆この上ない、と悲嘆のあり様を明かす。次に、「謹んで、弘仁十二年十月八日を以て、先考妣の奉為に金光明経一部、法華経両部、孔雀経一部、阿弥陀経一巻、般若心経二巻を写し奉り、兼ねて供具を調えて三尊に奉尊す」と供養の様子を明かす。次に、願意を示す。伏して願わくは、この功徳によって、亡父の霊を仏果に引導し奉らんことを。よってこの善行が、三界の生死にさまよえる一切のものを、仏果に悟入せしめんことを祈る、と回向を述べる。

例20は、三島の大夫が、亡息女の一周忌のために、『法華経』を書写し、供養し、かつ講讃するに際しての表白文である。初めに、三島大夫の帰仏と、慈悲の徳を嘆じ、善因の行ないと、忠節の一心で、君主に仕える人となりを讃歎する。次に、息女が親に孝心厚き人となりを讃歎し、その息女の逝去を述べ、さらに子を失った父の悲哀を述べる。次に、「朝夕に涙を流し、日夜に慟を含むと雖ども、亡魂に益無し。是の故に亡児の煢霊を済わんが為に、勤んで、金字の妙法蓮華経一部、般若心経一巻を写し奉り、兼ねて五十八人の法侶を延いて、妙経の奥義を講宣す」と供養の様子を明かす。次に、この功徳によって諸仏ないし天龍、八部五類の諸天に至るまでの一切のものが、証明知見したまわんことを、と回向を述べている。

例24は、参議従三位管野の朝臣真道のための願文である。初めに、非情であろうが有情であろうが、因縁相応すれば、感応の功徳によって仏果が得られる。これは幽谷における響きの如くである。君臣の関係もこれと同じである、と述べる。次に、三つの誓願を示す。第一は、「是の故に、去し宝亀年中に、栢原の天皇（桓武天皇のこと）鳳闕不予の日、故の中納言従三位紀の朝臣勝長、今の宮内卿従三位春原の朝臣五百枝、故の右兵衛の督従四位上紀の朝臣木津雄等与相共に祈誓すらく、四天王の像を造り奉り、山寿を延べ、海福を保たしめたてまつらん」と願意を述べる。つまり桓武天皇の病気平癒を念じて、紀勝長、春原五百枝、紀木津雄等が発願し、四天王の像を造り、天王の長寿を祈ったのである。第二は、父母の恩は広大である。しかし存命中に孝行することが十分でなかった。今となっては、供養行をして、菩提を弔うことが孝行の第一である。故に、「是を以て、先考妣の奉為に、敬って阿弥陀仏の像一軀、観世音菩薩、得大勢至菩薩の像一軀を造りたてまつる」とあり、仏像を造って父母を供養している。第三は、亡妻の得脱のために、「昔の期約を顧みて、且つ灌頂の幡一旒、堂中の小幡四十口、幷びに若干の色の物等を造れり」とある。すなわちかつての約束どおり、幡等を造り、供養したのである。よってこれらの功徳によって、すべてのものが仏果に悟入し、国家繁栄ならんことを、と誓願されている。

例29は、和気夫人の姉が、昔法華寺に参詣した時、たまたま千燈会の法要に遇い、それを見て感激し喜んで燈明料を寄附しようとした。だがそのまま逝去した。そこで妹の和気夫人が、姉に代って自分の墾田を、法華寺の千燈会の燈明料として寄附したのである。文末は回向を述べる。千燈会の功徳は、一切の法界を照し、一切の有情を速やかに涅槃に趣かせることを祈り奉る、と。

例30は、前の清原氏丹波守の亡妻のための達嚫文である。初めに、無明煩悩の狂風に熏習され、十二因縁の生死流転のなかに沈んでいるのが人間で、涅槃の岸にはなかなか登り難いことを説く。次に、柔和な心をもち、婦徳の具わった夫人の人柄を述べ、その夫人が短命で逝去したことを述べ、滅後の悲哀を記す。重ねて無常を説き、修する所の法事の功徳をもって夫人の聖霊が得脱せんことを祈る。

更には一切有情に廻らし、一切有情が皆菩提を得んことを、と回向している。

例31は、荒城大夫が、幡の上の仏像を造り奉るに際しての願文である。初めに、世仙の道理と仏教の浅深について述べ、密教の教理が世仙より勝れていることを明かす。次に、我が身は凡夫なるが故に、父母の恩の広大なることを知らなかった。今はこの広大な父母の恩に報いんとして、ここに財施の供養をなさんとするのである。すなわち「敬って、年月日を以て、道場の幡二十旒を造り、兼ねて宝幡の上に十方の仏菩薩神王等の像六十軀を図し奉る」とあり、供養の相を記している。文末は回向文である。この小善根を廻らして、父母の頓証菩提を祈り、父母の広大なる恩徳に報いん。あわせて一切有情の得脱を祈っている。

例33は、播磨守和気朝臣勘解由の判官が、不祥事に遇い、その不祥事を払い除かんがための願文である。初めに、仏陀と『法華経』の功徳の甚深なることを述べる。だから和気勘解由は不祥に遇っているが、仏法の霊験にすがらんとし、吉日を選んで、香花等の供養物を備えて、経文を読誦するのである、ことを明かしている。文末は、回向文である。この経典書写読誦の広大なる功徳を廻らして、諸天および六趣の衆生までも及ぼし、皆共に仏果を体得せられんことを、等の内容を記している。

右七通について、主意を述べた。空海がかかわりのある人たちとの間で、仏事をとおして、どのような動きをしていたかが理解できよう。

以上、これまでに述べてきたすべての文章を分析した結果を、今一度総括すれば、これらの文章の中に、基本的な空海の願文の書き方と、内容を見出すことができる。すなわち次の如くである。

第一は、誓願文における、文書構造の形式が、文書構成の思考のなかで一定している、ということである。題目は、空海以降の人がつけたものであろうが、文頭は、密教の仏の徳が甚深広大であることを讃歎する。次に、施主の人となりを明かし、また施主の対象とされる者の人となりを明かし、逝去の場合は、哀悼悲嘆の様相を述べる。次に、この法要がいつ行なわれたかの年月日と、供養の様相と願意を述べ、次に仏の加護を説き、文末に回向を述べる。

第二は、文章中、供養の様相と願意の部分において、この法要に対して、造像、図絵、書写、仏具、講讃等を行なっていることである。これは願文を空海が密教宣布として取り扱っており、その行動に対しての具体例が示されている箇所として重要である。つまり仏事法会の施主は、空海の密教宣布に対しての、パトロン的存在であったといわねばならない。

第三は、願文には空海の宗教観をみることができる。それは文末の廻向の部分において見出される。回向の部分がない願文は少ない。どの願文も、目的とするところは、一切衆生に対しても、この法会の功徳がゆきわたるとすることである。一切という言葉が含んでいる範囲は多様である。まず施主がその中心となるのは言うまでもない。天皇を始め、皇族、朝臣、文官武官が迷執を離れて菩提を得るのは当然で、天下太平を念じていくのである。しかしより重要なのは、有情・非情を問わず、六道輪廻の迷執、獣類、鳥類、魚類等に至るまで、すべてのものが覚殿に悟入せんことを祈り、平等利益で仏果を得る、としていることである。ここに空海の平等観と、密教による救済の範囲の広さを知ることができるのである。

以上によって、空海の願文の構造とその内容を述べ終った。なお、資料に明示してある願文で、以上で取り扱わなかった願文も、その主旨は大同であると理解してよい。以下整理しておくと、まず空海が施主となっているものとして**例6・例9・例21・例23・例39・例41**がみられるが、前述に順じて了知するべきである。空海以外の僧が施主であるものとして、**例5・例14・例19・例28・例35・例38・例43**がある。ある人が施主となっているものとして**例37・例40・例43**がみられる。林学生が、父母の一周忌のためのものがある**例34**。これらも先に順じて知るべきである。

第四節　願文の願意と写経と講演

空海は、願文を書くことによって、仏事法会のなかで、法会の功徳を意義づけ、仏像・図絵・写経等を行なう功徳を意義づけ、密教宣布の行動を展開していく。このような事項を具体的に整理しながら、空海の行動をより明らかにしていきたい。

一瞥して、空海の願文は、年忌法会のものが多い、これについて整理すれば、次の如くである。

葬　儀	例1・例11・例36
三七日忌	例32
七七日忌	例14・例35
一周忌	例2・例10・例16・例17・例19・例20・例34・例37
三回忌	例7・例8
一三回忌	例18
忌　日	例28・例38

その他	例26・例40・例42・例43

右によって、この時代に年忌法要が行なわれていたことが理解できる。しかしこの時代に、どのような形で年忌法会が行なわれていたかは、空海以外に資料は見出せない。当時の仏教教団が、また僧が、どのような形で年忌にかかわっていたかは、なお今後の研究を俟たねばならない。空海の場合は、一周忌のものが最も多い。また年忌の内、葬儀については、具体事例はなく、仏教の葬式があったのかどうかも不明とせねばならない。葬儀については、文中で述べておいた。

次に願文からみて、これらの法会が誰の菩提を弔うためになされていたかを検討する。整理すれば、次の如くである。

師	例1・例19・例28・例43
弟子	例11・例36
父	例4・例8・例13・例35
母	例2・例10・例32・例37・例38
父母	例24・例31・例34・例42
妻	例16・例24・例30

子 供	例20・例25・例26・例27
兄 弟	例14（妹）・例17（兄）・例18（義兄）・例29（姉）
その他	例7（藤原賀能）・例24（君）・例40（先舅）・例41（天皇）

右によれば、両親に対する年忌のための願文が圧倒的に多い。これは当時の社会において、孝の問題が重視されていることと関係していると考えてよいであろう。僧侶の世界においても、師・弟子の関係は、どちらかといえば、親子の関係と同様であるとみなしてもよかろう。

次に、願文を検討すると、その宗教活動のなかで、造像・図絵・写経・講演がなされているが、特に写経が重視されていることに気づく。この問題を整理すれば、次の如くなる。以下出典回数が多い順に、経典別に分類する。

『法華経』

例2	大同二年二月一一日	書写	田小弐が母の一周忌のため
例8	弘仁一二年一〇月八日	書写	葛木参軍が父の三回忌のため
例13	天長三年三月一〇日	書写講演	淳和天皇が桓武天皇のため
例18	天長四年九月	書写講演	淳和天皇が伊予親王の一三回忌のため
例20	天長六年七月一八日	書写講演	三島大夫が娘の一周忌のため

例33	年月日不詳	書写読誦	和気氏が攘災招福のため
例34	年月日不詳	書写	林学生が父の一周忌のため

『大日経』

例10	天長元年一〇月二二日	書写講演	笠仲守が母の一周忌のため
例14	天長三年一〇月八日	講演	真体が妹の七七日忌のために
例16	天長四年五月二二日	書写講演	笠仲守が妻の一周忌のため
例37	年月日不詳	書写講演読誦	ある孝子が母の一周忌のため
例39	年月日不詳	書写講演	空海が四恩報謝のため

『理趣経』

例7	弘仁一二年九月七日	書写	空海が四恩報謝のため
例38	年月日不詳	書写講演	忠延師が母の忌日のため

『金剛般若経』

例3	弘仁四年一〇月二五日	書写	藤原賀能が報謝のため
例17	天長四年七月二四日	書写講演	良岑安世が藤原冬嗣の一周忌のため

『大般若経』

例15	天長四年五月一日	読誦	淳和天皇が雨請いのため
例41	年月日不詳	読誦	空海が天皇のため

『仁王護国経』

例12	天長二年七月一九日	講演	淳和天皇が仁王会のため

『梵網経』

例19	天長五年四月一三日	書写講演	弟子が勤操大徳の一周忌のため

『華厳経』

例5	弘仁一一年	書写講演	高徳の僧が華嚴会のため

右によれば、『法華経』の書写が一番多い。『法華経』とか『大般若経』の書写は、奈良朝の写経願文中にすでにみられるところである。また密教関係の諸経典の書写も多い。これは空海の密教宣布ということから当然なことである。これらの経典を書写することは、もちろん施主の願意を満たすことにあるのは言うまでもない。ただ**例5**東大寺の華厳会における『華厳経』の書写講演、**例12**宮中の仁王会における『仁王護国般若経』の講演、**例15**大極殿の雨請いでの『大般若経』の読誦は、一般的な年忌法要とは、その性格を異にしているといわねばならない。また**例10**の『大日経』、**例20**の『法華

経』、**例37**の『大日経』、**例38**の『理趣経』の講演は、それぞれ空海の『大日経開題』『法華経開題』『理趣経開題』と関係がある。このことはまた「表白」という問題とも関係していくために、稿を改めて考察したい。

以上は、写経および講演に関しての整理である。なお、刻像・図写についても、その目的は、書写の場合と同じ意味をもっている。その整理は、一章末の表、資料2の一覧表および文中の例示番号のところで示しておいたので、そこに譲ることとする。

以上で、空海の願文の検討を論じ終えた。

まとめ

第二章は、人間としての空海が、宗教活動として密教の宣布をどのように考え、どのような動きをしたかを検討したものである。この問題をテーマとする時、中心資料となるのは願文である。したがって第二章は、願文の中で空海の行動を探ることとした。検索して明らかになった点は、それぞれのところで結論しておいたのでそこに譲る。ここでは総括して述べ、結論とする。

一、空海の願文は、密教宣布という宗教活動のなかでなされたものである。日本も中国と同じく、儒教政治体制下の国である。そのなかで僧侶としての空海と、儒教体制の頂点にいる天皇との関係は、中国の場合よりは、親密の度合が極めて積極的かつ強い(13)。願文は、天皇を始め、皇族・貴族・僧侶等と空海との親交関係と、そのなかで行動した空海の密教活動を示すものである。

二、願文を通じて行なわれた宗教活動は、仏事法会が中心となっている。これは空海独自の願文の使用法といわねばならない。特に一周忌の法会が多いことが目立つ。他に三七日忌、七七日忌、三回忌、一三回忌等がある。この仏事の流れの上の問題として葬儀の問題がある。空海は「恵果和尚之碑」を始めとして、弟子智泉の追悼文、弟子真際の追悼文を書いている。葬儀の追悼文は、日本においては空海以前にはみられない。中国においては、敦煌文書の中に唐代のものが「達嚫文」としてあることを指摘しておいた。

三、空海の願文は、その文章構造の形式が、一定している。これは第三節「願文の構造と法会の施主・目的」の終りで触れた。すなわち、文頭は、密教の仏の徳が深甚広大であることを讃歎する。次に、施主の人となりを明かし、ある場合は施主の対象とされる者の人となりを明かす。逝去の場合は、哀悼悲嘆の様相を述べる。次に、この法会がいつ行なわれたかの年月日と、供養の様相と願意を述べ、次に加護を説き、文末に回向を述べる。

文章構造の形式の上では、特に中国の願文を参考にしたとは思われない。しかし願文という文章の性格上、類似表現はみることができる。たとえば、法会の功徳についての表現である。**例12**は、淳和天皇が仁王会を行なった時のものである。この法会の功徳は、①太上天皇、②皇太子、③文官・武官、④賢臣、⑤動物植物・一切衆生に及ぶとする。また**例17**は、藤原良峯が藤原冬嗣の一周忌をした時のものである。この法会の功徳は、①嵯峨上皇・淳和天皇、②后妃、③皇族方、④文官・武官、⑤一切衆生等に及ぶとある。これらの類似表現は中国にも見出せる。中国の願文で『例仏発願文』は、功徳が、①皇族陛下、②皇太子殿下、③諸王、④六宮の眷属、⑤諸公主、⑥民衆に及ぶことを説いている。また『遼陽山寺願文』では、①皇帝および清廟の聖霊、②皇太后、③聖主、④皇太子、⑤六宮の眷属・諸王、⑥一切衆生に及ぶとしている。これらは中国も日本も、皇帝・天皇を頂点としている儒教国家である。したがって願意において、同等の表現がみられても不思議ではない。中国の願文の分析は、拙書『空海密教の源流と展開』一三六—一五七頁（大蔵出版社）で述べておいた。

四、筆者は空海の願文は、密教の宣布の具体例であると言った。それはどの点からいえるのであろうか。このことも第三節の終りで、まとめておいた。すなわち、願文の文章中に、供養の様相と願意を示す部分がある。そこでは法会に関して、造像、図絵、写経、仏具が作られ、また書写した経典の講演がなされている。これは、仏事を行なう行為において、その仏事そのものを密教流布の機会として、意識的に行動されたことを示している。つまり仏事の施主は、空海の密教活動のパトロン的存在でもあったといえる。願文を書くという行動が、図絵、写経等を義務づけているというやり方は、空海独自の方法であるといわねばならない。中国には、写経なら写経を目的とする願文はあるが、仏教宣布に執拗なまでにこの方法を取り入れている、といった願文はない。

五、空海の宗教活動とは、真言密教の思想体系を大成した空海の行動である。つまり空海の行動のなかには、真言密教の思想が常に具現されているはずである。この点は、先の密教仏の尊像名、『大日経』等の書写経典からも、密教的な行動を見出しうる。だが、最も顕著に現れているのは、文末の回向文においてであろう。

回向の部分がない願文は少ない。回向は、法会の功徳が行きわたる範囲を説いている。空海の願文を通読すると、この回向の部分の表現に、神経を使っていることが理解できる。一般的表現としては、一切衆生に回向するということであるが、この一切とは何かということが問題である。まず施主への回向がなされることは当然なことである。願文の大部分は、次のものを回向の対象としている。上は、天皇を始め、皇族、朝臣、文官・武官等へ廻らして天下泰平を念じていく。しかしより重要なのは、有情・非情を問わず、六道輪廻の迷執、獣類、鳥類、魚類等に至るまで、すべて生命あるものが、覚殿に悟入せんことを祈り、平等利益で仏果を得る、としていることである。ここに空海の平等観と、密教による救済の範囲の広さを知ることができるのである。

六、第二章は、空海の願文の特色を知ることによって、そこから空海の宗教活動を穿鑿した。だが、空海の願文以前に、日本にも願文がある。主として奈良時代の願文がそれである。日本における願文の上限は、『日本書紀』第一九、欽明天皇六年（五四五）九月の願文である。[14] この文は、仏像造立の願文であるが、仏像を造立する功徳によって、天皇が勝善の徳を得、天皇の支配する国が安泰である。またその土地の一切衆生が、これによって皆解脱することを願っている。

次に、『大日本古文書』をみると、実に莫大な写経の記録が載っている。そのなかで願文となると数は少ない。それも、主に写経の奥書に「願」が記されており、これを「写経願文」と称している。「写経願文」の多くは、聖武天皇の仏教擁護としての願文である。この「写経願文」は、文章全体が願文としての体裁をとっていない。したがって、「写経願文」「施入願文」「施薬願文」という種類は、空海の願文とは、趣旨を異にするので、ここでは割愛した。

ただ、最澄の願文は、文章全体が願文として独立している。延暦四年四月に東大寺で受戒し、比叡山中に入り修行、一九歳で書いた『願文』は、最澄の最初の著作である点より、空海の『三教指帰』と共に、両者の出家宣言書としてよく比較されるものである。他に最澄に四・五通の願文があり、その中には、「講経」のことが多く説かれており、これを鎮護国家と結びつけている。講経のことは、中国では随代まではなく、唐代になると盛んになる。空海も願文を通しての行動のなかで、講経のことを述べている。このことについては、僅かな紙幅では論じられないので、稿を改めて論じたい。

註

（1）願文に交えて検討する文章は、次の文章である。まず本論文の例示番号を示し、次に『性霊集』中の統一ナンバーと題名を示す。（例示番号／『性霊集』中の統一ナンバー）

例1／13。大唐神都青龍寺故三朝国師灌頂阿闍梨恵果和尚之碑。

例13／45。奉㆓為桓武皇帝㆒講㆓太上御書金字法華㆒達嚫。

例30／59。為㆓前清丹州亡妻㆒達嚫一首。

例22／72。招提寺達嚫文。

例11／73。為㆓亡弟子智泉㆒達嚫文。

例36／74。為㆔弟子求寂真際入㆓冥扉㆒達嚫文。

例37／75。孝子為㆓先妣周忌㆒図㆓写供㆔養両部曼荼羅大日経㆒講説表白文。

例38／76。為㆓忠延師先妣㆒講㆓理趣経㆒表白文。

例20／77。三島大夫為㆓亡息女㆒書㆓写供㆔養法華経㆒講説表白文。

例39／78。講㆓演仏経㆒報㆓四恩徳㆒表白。

例19／79。為㆓先師㆒講㆓釈梵網経㆒表白。

例12／84。被㆑修㆓公家仁王講㆒表白。

例23／86。勧進奉㆑造㆓仏塔㆒知識書。


右例示よりみると、空海の文章において、達嚫、表白、碑文、知識書という題目の文体は、願文の内容を含んだ同類型の文体といえる。

（2）和暦の年月日の決定は、本文中に書いてある年月日を検討して決定した。ただし本文中には年月日の記載がなく、他の資料を参照して二章末の表、資料1に入れたものは次の如し。
例11／73。智泉の葬儀は、天長二年二月一四日。

例13／45。『性霊集便蒙』に、「考㆓古記㆒此講莚。淳和帝天長三年三月所㆓施行㆒」とある。

例17／48。藤原冬嗣は、天長三年七月二四日の入寂である。その一回忌であるから天長四年七月二四日であろうか。

例24／64。菅野真道は、弘仁五年六月二九日入寂。その存命中であるから、弘仁五年以前である。

例25／50。藤原賀能は、弘仁九年一一月一〇日入寂。この願文は賀能が子供に対するものであるから、弘仁九年以前である。

例26／53。この願文も例25と同じ理由で、弘仁九年以前である。

以上例1から例43の出典は、『全集』第三輯中、以下の頁となる。本文中には、必要な出典箇所は記すが、一々の出典箇所を示すと煩雑極まりないため、ここで一括して示しておく。

例1『全集』四二〇―四二五頁。例2『全集』四八九―四九〇頁。例3『全集』四七三―四七四頁。例4『全集』四七二―四七三頁。例5『全集』四八五―四八六頁。例6『全集』四七六―四七七頁。例7『全集』四七八―四七九頁。例8『全集』四八六―四八七頁。例9『全集』四八三―四八四頁。例10『全集』四七九―四八一頁。例11『全集』四九九―五〇一頁。例12『全集』五一四―五一五頁。例13『全集』四六四―四六五頁。例14『全集』四九五―四九六頁。例15『全集』四六七―四六九頁。例16『全集』四九一―四九二頁。例17『全集』四六九―四七一頁。例18『全集』四六六―四六七頁。例19『全集』五〇八―五一一頁。例20『全集』五〇四―五〇五頁。例21『全集』五一五―五一六頁。例22『全集』四九七―四九九頁。例23『全集』五一六―五一七頁。例24『全集』四八七―四八九頁。例25『全集』四七二頁。例26『全集』四七四―四七五頁。例27『全集』四七一―四七二頁。例28『全集』四八一―四八二頁。例29『全集』四八二頁。例30『全集』四八二―四八三頁。例31『全集』四八四―四八五頁。例32『全集』四九二―四九三頁。例33『全集』四九三―四九四頁。例34『全集』四九四―四九五頁。例35『全集』四九六―四九七頁。例36『全集』五〇一―五〇二頁。例37『全集』五〇二―五〇三頁。例38『全集』五〇三―五〇四頁。例39『全集』五〇五―五〇八頁。例40『全集』五一一頁。例41『全集』五一一―五一二頁。例42『全集』五一二―五一三頁。例43『全集』五一三―五一四頁。

（3）拙稿「唐青龍寺の遺跡とその発掘状況」（『密教学会報』第一九・二〇合併号）。

（4）『全集』第三輯四二三―四二四頁。

（5）『全集』第三輯四二四頁。
（6）『全集』第一輯一〇〇―一〇一頁。
（7）『全集』第一輯九八頁。
（8）『全集』第一輯六九頁。
（9）『全集』第一輯三五頁。
（10）『全集』第一輯五八頁。
（11）『四分律』第四九に「沙門釈子は、食し已りて黙然として去り、我等をして食の好不好と足不足とを知らざらしむと、諸比丘仏に白す。仏言わく、食し已りて黙然として去るべからず。応に檀越の為に達嚫を説くべし、乃至為に一偈を説く」とある。また『尊婆須蜜菩薩所集』第二・『玄応音義』第一・『四分律行事鈔資持記』巻下三之三には、共に「施しに報ゆるの法を名づけて達嚫と曰う」とある。
（12）『全集』第三輯四八九頁。
（13）空海と天皇との関係は本書第一章参照。
（14）『（新訂増補）国史大系』（吉川弘文館）所収の「日本書紀後篇」七一頁。

資料1－A　『性霊集』中の願文／年月日が明らかなもの

例番号	西暦	和暦	空海年齢	『性霊集』中の番号／題目
例1	八〇五	(中国)元和元年1月16日	32歳	13大唐神都青龍寺故三朝国師灌頂阿闍梨恵果和尚之碑
例2	八〇七	(日本)大同2年2月11日	34歳	65為㆔田小弐設㆓先妣忌斎㆒願文一首
例3	八一三	弘仁4年10月25日	40歳	52為㆓藤中納言大使㆒願文
例4	八一五	〃6年10月15日	42歳	51為㆓式部笠丞㆒願文
例5	八二〇	〃11年	47歳	62為㆓知識華厳会㆒願文一首
例6	八二一	〃12年9月7日	48歳	54奉㆓為四恩㆒造㆓二部大曼陀羅㆒願文
例7	〃	〃〃	〃	55為㆓故藤中納言㆒奉㆑造㆓十七尊像㆒願文一首
例8	〃	〃10月8日	〃	63葛木参軍設㆓先考忌斎㆒願文一首
例9	八二四	天長元年3月2日	51歳	60於㆓平城東大寺㆒供㆓三宝㆒願文一首
例10	〃	〃10月22日	〃	56笠大夫奉㆓為先妣㆒奉㆑造㆓大曼荼羅㆒願文一首
例11	八二五	〃2年2月14日	52歳	73為㆓亡弟子智泉㆒達嚫文
例12	〃	〃7月19日	〃	84被㆑修㆓公家仁王講㆒表白
例13	八二六	〃3年3月	53歳	45奉㆓為桓武皇帝㆒講㆓太上御書金字法華㆒達嚫
例14	〃	〃10月8日	〃	70為㆘弟子僧真体設㆓亡妹七七斎㆒并奉㆗入伝燈料田㆖願文
例15	八二七	〃4年5月1日	54歳	47天長皇帝於㆓大極殿㆒嘱㆓百僧㆒雩願文
例16	〃	〃5月22日	〃	66大夫笠左衛左為㆓亡室㆒造㆓大日楨像㆒願文
例17	〃	〃7月24日	〃	48右将軍良納言為㆓開府儀同三司左僕射㆒設㆓大祥斎㆒願文
例18	〃	〃9月	〃	46天長皇帝為㆓故中務卿親王㆒捨㆓田及道場支具㆒入㆓橘寺㆒願文
例19	八二八	〃5年4月13日	55歳	79為㆓先師㆒講㆓釈梵網経㆒表白

例20	八二九	〃6年7月18日	56歳	77三島大夫為㆓亡息女㆒書㆓写供㆔養法華経㆒講説表白文
例21	八三一	〃9年8月22日	59歳	85高野山万燈会願文
例22	八三四	承和元年2月11日	61歳	72招提寺達嚫文
例23	〃	〃8月23日	〃	86勧進奉㆑造㆓仏塔㆒知識書
例24		弘仁5年以前		64為㆓管平章事㆒願文一首
例25		〃9年以前		50藤大使中納言為㆓亡児㆒設㆑斎願文
例26		〃9年以前		53藤大使為㆓亡児㆒願文

資料1―B 『性霊集』中の願文／年月日が不明のもの

例番号	西暦	和暦	空海年齢	『性霊集』中の番号／題目
例27				49東太上為故中務卿親王造刻檀像願文
例28				57僧寿勢為先師入忌日料物願文一首
例29				58和気夫人於法華寺奉入千燈料願文一首
例30				59為前清丹州亡妻達嚫一首
例31				61荒城大夫奉造幡上仏像願文一首
例32				67藤左近将監為先妣設三七斎願文
例33				68播州和判官攘災願文
例34				69林学生先考妣忌日造仏飲僧願文
例35				71為弟子僧真境設亡考七七斎願文
例36				74為弟子求寂真際入冥扉達嚫文
例37				75孝子為先妣周忌図写供養両部曼荼羅大日経講説表白文
例38				76為忠延師先妣講理趣経表白文
例39				78講演仏経報四恩徳表白
例40				80有人為先舅修法事願文
例41				81和尚奉為祈皇帝展読大般若経願文
例42				82有人為亡親修法事願文
例43				83有人為先師修法事願文

資料2 『性霊集』中の願文の構造と法会の施主・目的

	施主	対象及び目的		場所	造像	図絵	写経	講演	施入
例1	空海	恵果	葬儀	長安					
例2	田小弐	母	一周忌	九州		千手千眼大悲菩薩。四摂・八供養の菩薩等十三尊	妙法蓮華経、般若心経		
例3	藤原賀能						金剛般若経		
例4	笠仲守	父			十一面観音				墾田一町
例5	高徳の僧		華厳会	東大寺		大悲胎蔵大曼荼羅。金剛界大曼荼羅。五大虚空蔵菩薩・五忿怒尊。金剛薩埵。仏母明王。十大護天王迦楼羅天像。龍猛・龍智真影等	華厳経		
例6	空海	四恩							
例7	空海	藤原賀能	三回忌			理趣会十七尊曼荼羅	理趣経		
例8	葛木参軍	父	三回忌				金光明経、法華経、孔雀経、阿弥陀経、般若心経		
例9	空海	三宝		東大寺					供物
例10	笠仲守	母	一周忌			金剛界曼荼羅 中微細会曼荼羅	大日経等	大日経	

	施主	対象及び目的		場所	造像	図絵	写経	講演	施入
例11	空海	智泉	葬儀	高野山					
例12	淳和天皇		仁王会	宮中及び五畿七道				仁王護国般若経	
例13	淳和天皇	桓武天皇	二〇年忌	西寺			法華経	法華経	
例14	真体	妹	三七日忌	神護寺				大日経	伝燈料田
例15	淳和天皇		雨請い	大極殿				大般若経読誦	
例16	笠仲守	妻	一周忌	神護寺		大日の一印会曼荼羅。広眼法曼荼羅	大日経	大日経	
例17	良岑安世	藤原冬嗣	一周忌				金剛般若経	金剛般若経	
例18	淳和天皇	伊予親王	一三回忌	橘寺	薬師如来、日光・月光菩薩		法華経	法華経	水田十余町
例19	弟子	勤操大徳	一周忌				梵網経	梵網経	
例20	三島大夫	娘	一周忌	西寺			法華経	法華経	
例21	空海		万燈会	金剛峯寺					
例22	如宝	四恩報謝		招提寺			大般涅槃経、大乗印仏経等	一乗経典	
例23	空海			金剛峯寺					塔二基
例24	菅野真道	君・父母・妻			毘沙門天王等の四天王、観音、得大勢力至、阿弥陀仏の像				灌頂の幡
例25	藤原賀能	子供	一周忌						

例26	藤原賀能	子供	周忌					講演有り	
例27	嵯峨天皇	伊予親王			釈迦、観音、虚空蔵、四大忿王像、四摂八供養八大天王像等	種子曼荼羅 三昧耶曼荼羅			米二五石
例28	僧寿勢	先師	忌日						千燈料田
例29	和気の夫人	姉		法華寺					
例30	清原氏	妻							
例31	荒城大夫	父母				十方の仏菩薩神等			道場幡
例32	藤原氏	母	三七日忌	神護寺				妙法仏典読誦	
例33	和気氏	攘災招福					法華経	（読誦）	
例34	林学生	父母	一周忌			阿弥陀仏	法華経		料米三〇斛
例35	僧真魂	父	七七日忌				金剛頂瑜伽真実大教王経		
例36	空海	真際	葬儀						
例37	孝子	母	一周忌			両部の大曼荼羅	大日経	（読誦）	
例38	僧忠延	母	一周忌			大曼荼羅の陳列	理趣経	理趣経	珍供
例39	空海	四恩			五五体の仏像	一一部の法曼荼羅			
例40	ある人	先舅	法事						
例41	空海	天皇						大般若経の読誦	
例42	ある人	父母	法事				大乗諸経典		供物
例43	ある人	先師尼	法事						

第三章　空海教学における横竪と機根

はじめに

第一章では、空海の文章構造のなかで、「上表文」を取り扱った。上表文を検討することによって、空海と天皇との関係を明らかにした。

第二章では、一般的世間的なところで、空海の行動を探ることとした。その方向を進めていけば、そこに出てきたのは、空海の「願文」という文章型式が問題となった。その内容は第二章で明らかにした。

さて第三章・第四章では、空海自身に向かってその思想を検索することとする。つまりこの方向は、空海の思想を求めることとなろう。空海の思想の求め方は、種々な方法があろう。空海著述の思想論文を検討するという方向、また密教のもつ包容思想の現れとしての曼荼羅の思想と、その表現としての仏の世界を論究するという方向、さらに密教の戒律、瞑想の方向というように。

だが第三章・第四章では、箇々の問題ではなく、空海が構築した思想に、一環して流れているような問題を取り上げた。

第一節　横竪の考察

空海は自らの教学を説明するにあたり「横竪」という考えを用いている。

『秘密曼荼羅十住心論』（以下『十住心論』と略称す）第十、秘密荘厳住心に、次の文章がみえる。

●例1[1]　『十住心論』第十

經云二云何菩提謂如實知自心一。此是一句含二無量義一。竪顯二十重之淺深一。横示二塵數之廣多一。又云二心續生之相諸佛大祕密我今悉開示一者卽是竪說。謂從二初羝羊闇心一漸次背レ闇向レ明求上之次第。如レ是次第略有二十種一如二上已說一。又云復次志二求三藐三菩提句一。以レ知二心無量一故知二身無量一。知二身無量一故知二智無量一。知二智無量一故卽知二衆生無量一。知二衆生無量一故卽知二虛空無量一。此卽横義。衆生自心其數無量。衆生狂醉不レ覺不レ知。大聖隨二彼機根一開二示其數一。唯蘊拔業二乘但知二六識一。他緣覺心兩敎但示二八心一。一道極無但知二九識一。釋大衍說二十識一。

大日經王說㆓無量心識無量身等㆒。知㆓如㆑是身心之究竟㆒。卽是證㆓祕密莊嚴之住處㆒。

経に「云何菩提謂如実知自心」といっぱ、此れ是の一句に無量の義を含めり。竪《しゅ》には十重の浅深を顕《あらわ》し、横《おう》には塵数《じんじゅ》の広多を示す。又「心続生之相諸仏大秘密我今悉開示」といっぱ、即ち是れ竪の説なり。謂く初め羝羊《ていよう》闇心より暫次に闇に背き明に向かう求上《ぐじょう》の次第なり。是の如きの次第に略して十種有り。上に已《すで》に説くが如し。又云く、復次に三《さん》藐三《みゃくさん》菩提《ぼだい》の句を志求するものは、心の無量を知るを以ての故に身の無量を知る。身の無量を知る故に智の無量を知る。智の無量を知るが故に即ち衆生の無量を知る。衆生の無量を知るが故に即ち虚空の無量を知る、と。此れ即ち横の義なり。衆生の自心、其の数無量なり。衆生狂酔して覚らず知せず。大聖《だいしょう》彼の機根に随って其の数を開示したもう。「唯蘊《ゆいうん》」「抜業《ばつごう》」の二乗は但し六識を知り、「他縁」「覚心」の両教は但し八心を示す。「一道」「極無《ごくむ》」は但し九識を知り、釈大衍には十識を説く。大日経王には無量の心識、無量の身等を説く。是の如きの身心の究竟を知るは、即ち是れ秘密荘厳の住処を証するなり。

右文においては、無量の心識無量の身等の「身心の究竟を知る」ことが秘密荘厳の住所（密教の悟り）である、と明示されている。この住所を明らかにするために空海は「横竪」という説明をもってしている。右文に「経に云何菩提謂如実知自心と云うは、此れ是の一句に無量の義を含めり。竪には十重の浅深を顕わし、横には塵数の広多を示す。」とあり、つづいて竪の十重の浅深、横の塵数の広多について説明している。すなわち「竪」の義とは、闇より明に向って漸次に求上する次第のことである。これは『十住心論』に説く異生羝羊の闇心より秘密荘厳の悟りに至る一〇種の過程にあたる。「横」の義とは、三藐三菩提の句を志求することによって順次心の無量を知り、身の無量を知り、智の無量を知り、衆生の無量を知り、虚空の無量を知ることである、とある。

以上のように『十住心論』は、「横竪」という立場から、自らの悟りを説明している。この考えは、他にも多くみられるので、以下その用例について検討していきたい。

●例2(2)『声字実相義』

① 問此頌顯二何義一。答此有二顯密二意一。顯句義者如二疏家釋一。密義中又有二重重横竪深意一。（七四字略）若作二祕密釋一者。一一言一一名一一成立各能具二無邊義理一。諸佛菩薩起二無量身雲一三世常說二一一字義一猶尚不レ能レ盡。何況凡夫乎。

問う、此の頌は何の義をか顕す。答う、此に顕密二つの意《こころ》有り。顕句義《けんくぎ》とは疏家《しょけ》の釈の如し。密の義の中に又重重《じゅうじゅう》横竪《おうじゅ》の深意有り。（七四字略）若し秘密の釈を作さば、一一《いちいち》の言《ごん》、一一の名《みょう》、一一の成立に各《おのおの》能く無辺の義理を具す。諸仏・菩薩、無量の身雲を起こして三世に常に一一の字義を説きたもうといえども、猶尚《なお》し尽くすこと能《あた》わじ。何《いか》に況《いわん》や凡夫をや。

② 此文字且有二十別一。上文十界差別是。此十種文字眞妄云何。若約二竪淺深釋一。則九界妄也佛界文字眞實。

此の文字に且く十の別有り。上の文の十界の差別《しゃべつ》是なり。此の十種の文字の真妄云何《いかん》。若し竪《じゅ》浅深の釈に約せば、則ち九界は妄なり。仏界の文字は真実なり。

③　上所レ説依正土並通二四種身一。若約二竪義一有二大小麁細一。若據二横義一平等平等一。如レ是身及土竝有二法爾隨緣二義一。故曰二法然隨緣有一。如レ是諸色皆悉具二三種色一互爲二依正一。

上《かみ》に説く所の依正土は並びに四種身に通ず。若し竪《じゅ》の義に約せば大小麤細《そさい》有り。若し横《おう》の義に拠らば平等平等にして一なり。是の如くの身及び土並びに法爾随縁《ほうにずいえん》の二義有り。故《かるがゆえ》に「法然随縁有」と曰う。是の如くの諸色は、皆悉く三種の色を具して互いに依正となる。

右文①は、『大日経』の「等正覚真言　言名成立相　如二因陁羅宗一　諸義利成就　有二増加法句　本名行相応一」(3)に対する空海の注釈である。すなわち空海は『大日経』の今の文には顕密の二意があるとする。顕の義は疏家の如くである。(4)つまり帝釈天が、自ら声明論すなわち梵語文典を造って、その一語一語に具さに衆多の義利を含めている、の意である。密の義ではこの解釈に横竪の義があるとする。すなわち横は十方に遍じその数無量であり、竪は三世を貫き一々の義利を説く、の意である。

②は、『声字実相義』本文中「五大皆有レ響　十界具二言語一　六塵悉文字　法身是実相」の偈文の二句目「十界具言語」の解釈中にある。この一〇種（十界）の文字に「真と妄」との差別があるとし、

以下の如く横竪にあてている。すなわち横とは一切を平等視（実相）する考えで、この立場では真・妄の隔てはないとする。竪とは一切を差別する観点であり、この立場では随縁によって地獄・餓鬼・畜生・阿修羅・人・天・声聞・縁覚・菩薩・仏の十界をたてる。この内、九界は妄、仏界は真である。妄とは迷いをいう。つまり法身の根源を知らない者をいい、迷いの長夜に種々の苦しみをうける人のことである。真とは悟りをいう。法身の実義を知見して悟れる者、つまり種々の苦を抜き楽を与えることができる人のことである。

③は、『声字実相義』の本文中、六塵の中の色塵を説く偈「顕形表等色　内外依正具　法然随縁有　能迷亦能悟」の第三句目「法然随縁有」の解釈中にある。竪の義に約せば大小麤細あり、横の義によれば平等にして一である、とあり、つづいて横法爾の上からは平等であり、竪随縁の上からは差別である、とある。この差別の上では大小・麤細というように隔たりがある、としている。さらに色を、内の正法である有情（身）と、外の依報たる国土（土）に別けるが、結局はこの身も国土も法爾の立場からすると区別がないのである、とするのである。この色は、愚者にとってはこれが迷いの原因となるから毒であり、智者にとっては悟りの原因となるから薬となるのである。

以上の如く空海は、『声字実相義』において、声字実相の義を「横竪」という考えでもって説明しているのである。

次に、『十住心論』第一、『金剛頂経開題』、『梵網経開題』の中に「横竪」の語がみられる。

●例3(5)『十住心論』第一

知㆓祕號㆒者猶如㆓麟角㆒。迷㆓自心㆒者既似㆓牛毛㆒。是故大慈說㆓此無量乘㆒。令㆑入㆓一切智㆒。若竪論則乘乘差別淺深。橫觀則智智平等一味。惡平等者。未得爲㆑得不同爲㆑同。善差別者。分滿不二卽離不謬。迷㆑之者以㆑藥夭㆑命。達㆑之者因㆑藥得㆑仙。迷悟在㆑己無㆑執而到。有疾菩薩迷方狂子。不㆑可㆑不㆑愼。

秘号を知る者は猶《なお》し麟角《りんかく》の如く、自心に迷える者は既に牛毛に似たり。是の故に大慈此の無量乗を説きて、一切智に入らしめたもう。若し竪《しゅ》に論ずれば、則ち乗乗差別《しゃべつ》にして浅深あり。横《おう》に観ずれば、則ち智智平等にして一味なり。悪平等の者は、未得を得とし、不同を同とす。善差別の者は、分満不二即離不謬《ふびゅう》なり。之に迷える者は薬を以て命を夭《ほろぼ》し、之に達する者は薬に因って仙を得《う》。迷悟己に在り、執無くして到る。有疾の菩薩、迷方の狂子、慎まずんばあるべからず。

●例4(6)『金剛頂経開題』

若約㆓竪次第㆒有㆓如㆑是淺深差別㆒。若約㆓橫平等㆒悉皆平等平等一。然終不㆓雜亂㆒。又一一經互爲㆓主伴㆒。若擧㆓一門㆒爲㆑主故各得㆓王名㆒。擧㆑主攝㆑伴故。又若約㆓字門義㆒無㆑有㆓高下淺深㆒。悉皆法曼荼羅法智印平等無二一。

若し竪《しゅ》の次第に約すれば、是の如くの浅深差別《せんじんしゃべつ》有り。若し横平等に約すれば、悉く皆平等平等にして一なり。然《しか》れども終《つい》に雑乱《ぞうらん》せず。又一一の経互いに主伴たり。若し一門に挙ぐれば主と為すが故に各《おのおの》王の名を得。主を挙げて伴を摂するが故に。又若し字門の義に約すれば、高下浅深有ること無し。悉く皆法曼荼羅法智印平等無二なり。

●例5(7) 『梵網経開題』

若約㆓體性本覺㆒皆是萬徳法身之別。若據㆓因緣修行㆒即是行者向上入證之位。横表㆓一味平等之理㆒。竪表㆓差別階級之義㆒。不縱不横則行者之正觀中道之心。

若し体性本覚に約するときは、皆是れ万徳法身の別なり。若し因縁修行に拠れば、即ち是れ行者向上入証の位なり。横には一味平等の理を表し、竪《しゅ》には差別《しゃべつ》階級の義を表す。不縦不横は則ち行者の正観中道の心なり。

右文中『十住心論』は、序文にあたる箇所である。文章の意味は大約次の如し。大慈は、秘号を知る者のためにも、または自心に迷える者のためにも無量乗を説き、誰もが悟りに入るように心がけた。これを説明すれば、竪には各住心に差別があり浅深がある。横には智々平等にして一味である。このように横竪をたてて大慈は悟りの境界を開いているのである。だから悟るか迷うかという迷悟の問題は、己れ自身の方にあるのである、の意。

『金剛頂経開題』。金剛頂経の題額『金剛頂瑜伽一切如来真実摂大乗現証大教王経』を明かすなか「大教王」を説明する箇所である。文意は次の如し。横平等の義に約すれば、ことごとく皆平等であって一である。これは字門の義による見方であり、高下浅深がない立場である。竪次第の義に約すれば、浅深差別があり、一々の経はたがいに主伴となる。つまり一門を立てるとそれが主となるから、自宗の経典を王の名で呼ぶようになるのである、の意。
『梵網経開題』。今は『大乗起信論』の見方について述べた箇所である。横に見れば一味平等の理を表わす。つまり体性本覚という見方からすると、皆これ万徳法身からの現れにすぎないのである。竪に見れば差別階級の義を表す。つまり因縁修行という立場からすると行者向上入証の位にあたるのである、の意。

以上三例は、「横竪」について、いずれも横とは平等の意であり、竪とは差別の義である、としている。

例6（8）『弁顕密二教論』

① 四種法身者。一自性身。二受用身。三變化身。四等流身。此四種身具二竪横二義一。横則自利竪則利他。深義更問。

「四種法身」といっぱ、一には自性身、二には受用身、三には変化身、四には等流身なり。此の四種身に竪横《じゅおう》の二義を具せり。横は則ち自利、竪は則ち利他なり。深義更に問え。

② 此明二等流身説法一。言レ等者擧二金剛蓮華手一。兼等二外金剛部諸尊一。此經四種法身亦具二竪横二義一。文勢可レ知。

此は等流身の説法を明かす。「等」と言っぱ、金剛蓮華手を挙げ、兼ねて外《げ》金剛《こんごう》部《ぶ》の諸尊を等しくす。此の経の四種法身に亦竪横《じゅおう》の二義を具す。文勢知んぬべし。

右例の如く『弁顕密二教論』（以下『二教論』と略称す）では、いずれも四種法身に横竪の二義ありとしている。①は、『金剛頂一切瑜伽瑜祇経』を引くなか、法身説法を説いている箇所である。②は、『大日経』住心品でも法身説法を説く箇所がみられるとする例で、その内、等流身の説法を説く文である。①②共に四種法身に横竪の二義が具わっているとしている。二文の主意は次の如し。あらゆるものは、すべて法身にあらざるものはないのであるから、一様に変りはないのである。だが衆生のために仏が説法するという上からは、竪に区別して利他ということになる。また横に一様に仏ならざるものはないとして、各々の仏が自らの楽しみのために説法するという上からは自利ということになる。以上の如く『二教論』では、横竪の義を、四種法身として喩えているのである。『二教論』の他にも横竪と四種法身との関係を具体的に論じているものがある。『異本即身義』がそれである。『異本即身義』は、空海の文章とは直接関係するものではないが、四種法身を横竪として説明している要を得た内容であるため、ここに例示したい。

●**例7**[9]　『異本即身義』

答且就二竪義一雖レ有二不同之名一。而此宗所レ立變化等流之佛法然有佛故。不レ同二彼顯教宗等所レ立本無今有應化之佛一。又就二横義一皆是毗盧遮那具躰法身也。是以皆名二法身一。問更有二四身浅深不同之名一。今依二何等文證一立二皆名法身義一。答文證巨多。今且依二金剛頂分別聖位經一立レ之。

答う、且く竪の義に就かば、不同の名有りと雖も、而《しか》も此の宗に立てる所の変化・等流の仏は法然有の仏なるが故に、彼の顕教の宗等に立つ所の本無今有の応化の仏には同じからず。又横の義に就かば、皆是れ毘盧遮那具体法身なり。是を以て皆法身と名づく。問う、更に四身浅深不同の名有り。今何等の文証に依ってか皆名法身の義を立てる。答う、文証巨多なり。今且く『金剛頂分別聖位経』に依って之を立つ。

『異本即身義』では、即身成仏とは何かの問に、「如実知自心」であると答える。そして順次その内容に触れている。その内容を示せば次の如くである。「如実知自心とは、つまりは衆生が自心は一切智智と悟って、実の如く自心本有の秘密荘厳蔵を覚知することである。この自心本有の秘密荘厳とは何かといえば、これが本有の四種法身である。自性身、受用身、変化身、等流身がそれである。この四種法身には、自性および等流等と浅深不同の名があるのに、なぜ皆法身と名づけるのか」と。これに対する答が右例の横竪の箇所である。

すなわち、四身共に法身ということには変りはないが、横の義では、皆是毘盧遮那具体法身であるという立場から、すべて一様に法身と呼ぶのである。竪の義では、変化等流仏は法然有の仏である立場からは、変りはないものの、不同の名を立てて四種に呼んでいるまでである。この点は顕教でいう本無今有の応化の仏等と呼ぶのとは、その内容を異にするのである。密教の四種の浅深不同のことは、

『金剛頂分別聖位経』に説かれているのである、の意。

右の『異本即身義』によって四種法身と横竪との関係は、容易に理解することができる。

以上、「横竪」の用例をみてきた。これによると**例2**の②③、**例3**・**例4**・**例5**の各例は、共に一様に横平等、竪差別としている。また**例6**・**例7**は、四種法身を横竪にあてる考えである。竪差別の考えは種々に分れるが、中でも「十住心」として開示する**例1**、また「十界の差別」として説く**例2**の②、「四種法身」とする**例6**は、差別の内容が具体的に説かれている例として注視する必要があろう。

この竪の考えは、次の「機根」の問題と関係しているので、つづいて機根の用例に触れていきたい。

第二節　機根の考察

「機根」ということで、最も基本的な資料として取り上げねばならないのは『釈摩訶衍論』である。空海の文章では『十住心論』第九、『二教論』巻上、『釈論指事』上に『釈摩訶衍論』の同箇所からの引用がみえる。

例8[10]

何故不二摩訶衍法無㆓因縁㆒耶。是法極妙甚深獨尊。離㆓機根㆒故。何故離機。無㆓機根㆒故。何須㆓建立㆒。非㆓建立㆒故。是摩訶衍法諸佛所得耶。能得㆓於諸佛㆒。諸佛得。不故。菩薩二乘一切異生亦復如是。性徳圓滿海是焉。所以者何。離㆓機根㆒故。離㆓教説㆒故。八種本法從㆓因縁㆒起。應㆓於機㆒故。順㆓於説㆒故。何故應㆑機。有㆓機根㆒故。如㆑是八種法諸佛所得耶。諸佛所得。得㆓於諸佛㆒。不故。菩薩二乘一切異生亦復如㆑是。修行種因海是焉。所以者何。有㆓機根㆒故。有㆓教說㆑故。

何《いかん》が故にか不二摩訶衍の法は因縁無きや。是の法は極妙甚深にして独尊なり。機根を離れたるが故に。何が故にか機を離れたる。機根無きが故に。何ぞ建立を須《もち》いる。建立に非ざるが故に。是の摩訶衍の法は諸仏の得る所となりや。能く於諸仏を得す。諸仏は得するや。不なるが故に。菩薩二乗一切異生も亦復是の如し。性徳円満海是れなり。所以は何となれば、機根を離れたるが故に。教説を離れたるが故に。八種の本法は因縁より起こる。機に応ずるが故に。説に順ずるが故に。何《なん》が故にか機に応ずる。機根有るが故に。是《かく》の如くの八種の法の諸仏は得せらるるや。諸仏は得せらる。諸仏を得すや。不なるが故に。菩薩二乗一切異生亦復是《かく》の如し。修行種因海是れなり。所以は何となれば、機根有るが故に。教説有るが故に。

一般に『釈摩訶衍論』では、一切仏教の法門を因果二分している。この内「果分」を不二摩訶衍法という。この不二摩訶衍の世界とは、一切の差別機根を離れた仏自証の秘密の境界のことである。したがってこの世界は果人の世界であるために、因人には理解できないところである。これに対し「因分」とは、仏自性の果分の世界を因人に示さんがために説かれた教である。だから因分の法門は、衆生の種々なる機根に随って説かれたものであるから、機根の大小に随ってその法門にも異なりがみられるのである。

右引用の文は『釈摩訶衍論』第一にみえる。順次果分・因分について述べている。内「果海の問答」では、不二の法は一切の機根を離れた境地であることと、不二の境界は真如門・生滅門の諸仏共に証得することができないことを明かしている。この不二の境地を性徳円満海と名づけるのである。これに対し、「因海の問答」とは次の如し。衆生本有の一心では、真如の世界と生滅の世界とを開けて八種の教法とする。この八種の法は、機根相応の境界であるから、あらゆる機根に答えて因縁に随って説かれるのである。これを修行種因海というのである。

右のように空海は『釈摩訶衍論』を用いて、因分果分の説を引用している。ただここで重視しておきたいのは、果海とは機根を離れた境界をいっているのであり、因海とは機根が有るとする境界として説かれていることである。この「離機根」「有機根」の考えは、以下に示すように空海の著述中にも多くみられる。

初めに、「離機根」の境界が説かれている箇所について検討していく。『教王経開題』『理趣経開題』『法華経開題』『梵網経開題』。これらの開題の中に次の文がみえる。全く同一の文章である。

●**例9**(11)

教源無造無作也。亘二三世一而不變。遍二六塵一而常恒。然猶無二示者一則目前不レ見。無二説者一則心中不レ知。洎下乎雙圓性海常談二四曼自性一。重如月殿恒説中三密自樂上。人法法爾。興廢何時。機根絶絶。正像何別。

教の源《みなもと》は無造無作《むぞうむさ》なり。三世《さんぜ》に亘《わた》って不変なり。六塵《ろくじん》に遍じて常恒《じょうごう》なり。然れども猶《なお》示す者《ひと》無きときは、則ち目前なるとも見えず、説く者《ひと》無きときは、則ち心中なれども知らず。双円《そうえん》の性海には常に四曼《しまん》の自性《じしょう》を談じ、重如《じゅうにょ》の月殿《がつでん》には恒《つね》に三密の自楽《じらく》を説くというに洎《およ》んでは、人法法爾なり。興廃何《いず》れの時ぞ。機根絶絶《きこんぜつぜつ》たり。正《しょう》・像《ぞう》何ぞ別《わか》たん。

文意は次の如し。教の源は常に変るものではない。だが示す人がいないと眼の前にあっても理解できず、説く者がなければ心中に蔵していても気づかないのである。四曼の自性は心海で常に談ぜられ、三密の自楽は月殿で説かれている。このような状態においては、人も法も法爾としてあるがままにして、興廃ということも考えるには及ばない、まさに機根を絶した境界である。教の源とはそのようなものだ、の意。ここでは人も法も自然にあるがまま、機根さえもなくなった状態、それが教の源であるという意味である。ここでいう「機根絶絶」とは、『釈摩訶衍論』でいう果海を示す言葉である。したがって空海が説くこれら開題類は、果位の立場に立って説かれていることが理解できるのである。

次に、『二教論』に次の文がみられる。

●例10[12]

自性受用佛自受法樂故與㆓自眷屬㆒各說㆓三密門㆒。謂㆓之密敎㆒。此三密門者。所㆑謂如來內證智境界也。等覺十地不㆑能㆑入㆑室。何況二乘凡夫誰得㆑昇㆑堂。故地論釋論稱㆔其離㆓機根㆒。唯識中觀歎㆓言斷心滅㆒。

自性受用仏《じしょうじゅゆうぶつ》は自受法楽《じじゅほうらく》の故に自眷属とともに各《おのおの》三密門を説きたもう。之を密教と謂う。此の三密門とは、所謂如来内《いわゆるにょらいない》証智《しょうち》の境界《きょうがい》なり。等覚《とうがく》・十地《じゅうじ》も室《しつ》に入ること能《あた》わず。何《いか》に況《いわん》や二乗《にじょう》・凡夫《ぼんぶ》、誰《たれ》か堂に昇ることを得ん。故《かるがゆえ》に『地《じ》論《ろん》』『釈論』には其の機根《きこん》を離れたるを称し、唯識《ゆいしき》・中観《ちゅうがん》には言断心滅《ごんだんしんめつ》を歎ず。

右例は、『二教論』巻上の初めの大意序の箇所にみえる。顕教密教の定義を示すなか、密教とは自性身・自受用身が自受法楽のために説いた三密門をいうのである。この如来内証智の境界である三密門は、等覚・十地・二乗・凡夫等の立場では理解することができない。これを唯識・中観の立場では「言断心滅」の言葉で説明し、地論・釈論では「離機根」とするのである。つまり果位の境界が密教であるとするのである。

次に、機根有りとする「有機根」の境界が説かれている箇所について検討する。まず『十住心論』第十の中で次の二例が見出せる。

例11(13)

① 衆生自心其數無量。衆生狂醉不レ覺不レ知。大聖隨二彼機根一開二示其數一。唯蘊拔業二乘但知二六識一。他緣覺心兩教但示二八心一。一道極無但知二九識一。釋大衍說二十識一。大日經王說二無量心識無量身等一。知二如レ是身心之究竟一。卽是證二祕密莊嚴之住處一。

衆生の自心其の数無量なり。衆生狂酔して覚せず知せず。大聖《だいしょう》彼の機根《きこん》に随《したが》って其の数を開示したもう。「唯蘊《ゆいうん》」「抜業《ばつごう》」の二乗は但し六識を知り、「他縁」「覚心」の両教は但し八心を示す。「一道」「極無《ごくむ》」は但し九識を知り、釈大衍には十識を説き、大日経王には無量の心識、無量の身等を説く。是の如く身心の究竟を知るは、即ち是れ秘密荘厳の住処を証するなり。

② 此一一字門具㆓無量無邊顯密教義㆒。一一聲一一字一一實相周㆓遍法界㆒。爲㆓一切諸尊三摩地門陀羅尼門㆒。隨㆓衆生機根量㆒開㆓示顯教密教㆒。密教者。大毘盧遮那十萬頌經及金剛頂瑜伽十萬頌經是也。顯教者。他受用應化佛釋迦如來所説五乘五藏等經是也。

此の一一の字門に無量無辺の顕密の教義を具す。一一の声、一一の字、一一の実相は法界に周遍し、一切諸尊の三摩《さんま》地《じ》門・陀羅尼門と為《な》る。衆生の機根の量に随って、顕教・密教を開示す。密教とは大毘盧遮那十万頌の経及び金剛頂瑜伽十万頌の経、是れなり。顕教とは他受用・応化仏、釈迦如来所説の五乗五蔵等の経、是れなり。

右例①は、『十住心論』第十の初めの部分にみえる。衆生の自心はその数無量であり、衆生は狂酔しているが故に覚知しない。だから大聖は衆生の機根に随って、その数を開示したまうのである、とし、以下順次秘密荘厳への住心の段階を示している。②は第十の終りの部分にみえる。文意は、真言の字門には無量無辺の顕密の教義を具えているが、それらは衆生の機根に随って顕教密教として開示するのである、の意。

右二例は、如来が衆生の機根に随って開示することを述べている。開示の内容は、「十住心」の段階と、「四種法身」とである。

次に、『秘蔵宝鑰』の中に三例見出せる。

●例12（14）

①　如來徳具㆓萬種㆒。一一徳卽一法門之主也。從㆓彼一一身㆒隨㆓機根量㆒説㆓種種法㆒度㆓脱衆生㆒。

如来の徳は万種《まんじゅ》を具せり。一一の徳は即ち一法門の主なり。彼の一一の身より機根量に随って種種の法を説きて衆生を度脱したもう。

②　若是佛説者宜㆔直説㆓佛乘等㆒。何用㆑説㆓天乘等㆒。機根契當故。餘藥無㆑益故。

若し是れ仏説ならば、宜《よろ》しく直に仏乗等を説くべし。何ぞ天乗等を説くことを用いる。機根契当《かいとう》の故に。余の薬は益無きが故に。

③　顯教中又二。言一乘三乘別故。一乘者如來他受用身從㆓十地㆒至㆓初地㆒所㆑現報身所説一乘法是也。三乘者應化釋迦爲㆓二乘及地前菩薩等㆒所㆑説經是也。密教

者自性法身大毘盧遮那如來與二自眷屬一自受法樂故所レ說法是也。所レ謂眞言乘者是也。如レ是諸經法契二當其機根一竝皆妙藥。隨二其經教一菩薩造レ論人師作レ疏。

顕教の中に又二つ。言く一乗三乗別なるが故に。一乗とは如来の他受用身、十地より初地に至るまで現じたもう所の報身所説の一乗の法、是れなり。三乗とは応化の釈迦、二乗及び地前の菩薩等の為に説きたもう所の経、是れなり。密教とは自性法身大《じしょうほっしんだい》毘盧遮那《びるしゃな》如来《にょらい》、自眷属と自受法楽の故に説きたもう所の法、是れなり。所謂《いわゆる》真言乗とは是れなり。是の如くの諸の経法は、其の機根に契当《かいとう》し、並びに皆妙薬なり。其の経教に随って、菩薩、論を造り、人師、疏《しょ》を作る。

右文①②は、第三嬰童《ようどう》無《む》畏《い》心《しん》を説く文中にみえる。①の内容は次の如し。大日如来の徳は万善万行を具えている。その一々の徳は、また一つ一つの法門の主尊にあたるのである。そしてその一々の主尊が衆生の機根に応じて法を説き、衆生を済度し解脱せしめるのである。②の内容は次の如し。問は、仏説というならば仏乗を説くだけでよいではないか。なぜ三乗等を説く必要があるのか。答、衆生の機根に適合させるためである。衆生の性欲に合った教薬でなければ、なんらの利益も功能もないからである、の意。③は、第四唯蘊無我心を説く文中にみえる。内容は次の如し。顕教・密教を四種法身にあててそれぞれの教法を説くが、その教法は、みなそれぞれの機根に適合することによって、初めていずれもが妙薬となるのである、の意。

以上三例は、如来が衆生の機根に応じて、それぞれに適合した法門を説いて、衆生を済度させることを説いている。

次に、『二教論』巻上に次の文がみえる。

●例13(15)

問若如㆓汝説㆒諸教中有㆓斯義㆒。若如㆑是者何故前來傳法者不㆑談㆓斯義㆒。答如來説法應㆑病投㆑藥。根機萬差針灸千殊。隨機之説權多實少。

問う、若し汝《なんじ》が説の如きは、諸教の中に斯の義有り。若し是の如くならば、何《なん》が故にか前来の伝法者、斯の義を談ぜざる。答う、如来の説法は病に応じて薬を投ぐ。根機《こんき》万差《まんじゃ》なれば針灸《しんきゅう》千殊《せんじゅ》なり。随機の説は権《ごん》は多く実は少なし。

右文の文意は次の如し。問、「法身説法」の義があるとすれば、何故に今までその伝承がなされなかったのか。答、如来の説法は、心の病に応じて薬を投げるものであるから、衆生の機根が異なれば、針灸に比すべき教法もまた当然別のものが与えられねばならない。このように人の機根に追随する仏の説法は、権の方便の説が多くて、法身説法の真実を説くことは極めて少ないのである。

次に、『平城天皇灌頂文』『三昧耶戒序』の文中に、次の用例がみえる。

●例14(16)

①至㆑若㆓菩提薩埵之發心金剛大士之用意㆒。包㆓法界於一心㆒顧㆓衆生於四恩㆒。拔㆓衆生苦㆒與㆓衆生樂㆒。拔苦之術非㆓正行㆒不㆑得。與樂之道非㆓正法㆒不㆑能。所㆑謂正

行正法隨レ機多レ門。機根萬差法藥隨殊。

菩提薩埵《ぼだいさった》の発心《ほっしん》金剛大士《こんごうだいじ》の用意のごときに至っては、法界を一心に包み衆生を四恩に顧みたもう。衆生の苦を抜き衆生に楽を与う。抜苦の術は正行《しょうぎょう》に非ざれば得ず、与楽の道は正法に非ざれば能《あた》わず。所謂《いわゆる》正行・正法は機に随って門多し。機根万差《まんじゃ》なれば法楽随って殊《こと》なり。

②

身病百種卽方藥不レ能二一途一。心疾萬品經敎不レ得二一種一。是故我大師薄伽梵施二種種藥一療二種種病一。五常五戒卽愚童持齋之妙藥。六行四禪則嬰童無畏之醍醐。二百五十之戒四念八背之觀。十二因緣十二頭陀。遮二人我一而證二三昧一。帶二法執一而得二涅槃一。斯乃聲聞之敎藥緣覺之除病。無緣起レ悲幻炎觀レ識。六度爲レ行四攝作レ事。三祇積レ功四智得レ果。斯爲二他緣大乘之方法一。捨二無我一而得二自在一。觀二不生一而覺二心性一。揮二八不一以斷二八迷一。擲二五句一以拂二五邊一。四種言語道斷而無爲。九種心量足絕而寂靜。是則覺心不生之妙術。觀二自心於妙蓮一。喩二境智於照潤一。三諦俱融。六卽表レ位。是則如實一道心之針艾。況復喩二法界於帝網一觀二心佛於金水一。六相十玄織二其敎義一。五敎四車簡二其淺深一。初發成二正覺一三生證二佛果一。斯乃極無自性心之佛果。如レ是妙法並皆契二其機根一不思議妙藥。自上諸教他受用應化佛之所説甘露。

身病百種なれば、即ち方薬一途《いちず》なること能わず。心疾万品《まんぽん》なれば経教一種なることを得ず。是の故に我が大師薄伽梵《ばがぼん》、種種の薬を施して種種の病《やまい》を療したもう。五常《ごじょう》・五戒は即ち愚童持斉の妙薬、六行《ろくぎょう》・四禅《しぜん》は則ち嬰童無畏《ようどうむい》の醍醐《だいご》なり。二百五十の戒、四念八背の観、十二因縁、十二頭陀《ずだ》は人我《にんが》を遮《しゃ》して三昧《さんまい》を証し、法執《ほうしゅう》を帯して涅槃《ねはん》を得《う》。斯れ乃ち声聞の教薬、縁覚の除病なり。無縁に悲を起こし、幻炎に識を観じ、六度を行《ぎょう》と為し、四摂《ししょう》に事《じ》を作《な》し、三祇《さんぎ》に功を積み、四智に果を得《う》。斯を他縁大乗の方法とす。無我を捨て自在を得、不生《ふしょう》を観じて心性《しんしょう》を覚《さと》り、八不《はっぷ》を揮《ふる》って以て八《はち》迷《めい》を断じ、五句を擲《なげう》って以て五辺を払い、四種の言語《ごんご》は道《みち》断えて無為なり。九種の心量は足《あし》絶えて寂静《じゃくじょう》なり。是れ則ち覚心不生の妙術なり。自心を妙蓮《みょうれん》に観じ、境智を照潤《しょうじゅん》に喩《たと》う。三諦倶《さんたいとも》に融《ゆう》し、六即位《ろくそくい》を表す。是れ則ち如実一道の針艾なり。況《いわん》や復法界を帝網《たいもう》に喩え、心仏を金水《こんすい》に観じ、六相《ろくそう》・十玄《じゅうげん》に其の教義を織り、五教・四車に其の浅深を簡《えら》ぶ。初発《しょほつ》に正覚《しょうがく》を成《じょう》じ、三生《さんしょう》に仏果を証す。斯れ乃ち極無自性心《ごくむじしょうしん》の仏果なり。是の如くの妙法は、並びに皆其の機根に契《かな》って不思議の妙薬なり。自上の諸教は他受用応化仏《たじゅゆうおうけぶつ》の所説の甘露なり。

③

大慈能與レ樂大悲能拔レ苦。拔苦與樂之本不レ如レ絶レ源。絶レ源之首不レ若レ授レ法。法藥雖二萬差一。前所レ説八種法門是彼之本。然猶隨二順機根一故有二淺深遲速一。爲レ欲レ簡二擇如レ是諸法教一發二第三勝義心一。亦名二深般若心一。云何簡擇。若有二上根上智人一。欲下行二如レ是法一早歸中自心本宅上。先須レ簡二知乘之差別一。欲レ簡二知此乘優劣一。非二是凡夫二乘及十地菩薩所知境界一。但依二如來所説一知レ之耳。

大慈は能く楽を与え、大悲は能く苦を抜く。抜苦与楽《ばっくよらく》の本《もとい》は源を絶たんには如《し》かず。源を絶つの首《はじ》めは法を授くには若《し》かじ。法薬万差《まんじゃ》なりと雖も、前《さき》の説く所の八種の法門は是れ彼の本なり。然れども猶機根に随順するが故に浅深《せんじん》遅速有り。是の如きの諸《もろもろ》の法教を簡択《けんじゃく》せんと欲《ねが》うが為に第三勝義心を発す。亦は深般若心《じんぱんにゃしん》と名づく。云何《いかん》が簡択する。若し上根上智の人有って、是の如くの法を行じて、早く自心の本宅に帰らんと欲《おも》わば、先ず須《すべから》く乗の差別を簡知すべし。此の乗の優劣を簡知せんと欲わば、是れ凡夫《ぼんぷ》・二乗及び十地の菩薩の所知の境界に非ず。但し如来の所説に依って之を知るのみ。

右文①の文意は次の如し。衆生は正行によって抜苦の方法を得、正法によって与楽の道を得ることができる。この正行正法は衆生の機に随うために、衆生の機根の万差にあわせて、法楽も種々に殊なるのである、となる。

『平城天皇灌頂文』は、文章全体の約三分の一にあたる最後の部分は、『三昧耶戒序』と全く同文である。右文②③は、この両文が重なっている部分である。

②の意。衆生の身病心疾は、共に多種多様である。だから如来はその病に応じて、種々の薬を施すのであるとし、つづけて十住心の中、第二愚童持斎心より第九極無自性心を順次説き示している。そしてその結論として、このような住心の妙法は、皆その機根に適合することによって不思議な妙薬となる、と結んでいる。またこれら住心の諸教は、他受用応化仏の所説であるとしている。

③の内容は次の如し、抜苦（大悲）与楽（大慈）は共に法によるべきである。教法による法薬は各

種万差であるが、八種の本法がその本となるのである。また教法に浅深遅速があるのは、それぞれの機根に随順するからである。だから上根上智の人で、法を行じて悟ろうとする者は、まず乗の差別を知るべきである。これら乗の優劣を知ろうと思えば、十地の菩薩一々の境界に目を向けるのではなく、如来の立場に立つことによってこれを知るべきである、の意。この文につづけて、異生羝羊心から極無自性心を順次説き、各住心にとらわれるべきではないことを明かしている。

以上「機根」という立場から空海の思想を検討した。その内容は以下のようにまとめることができよう。「機根」の基は、『釈摩訶衍論』に求めるべきである。すなわち『釈摩訶衍論』でいう果海の境界（性徳円満海）とは、「機根を離れた境地」をいっているのであり、逆に「機根有り」とする立場は因海の立場（修行種因海）にあたるのである。つまり「離機根」「有機根」として区別できる。その中で空海の「開題」類はすべて「離機根」の立場で説いているのは、特徴の一つといえよう。

「有機根」の立場は種々なる問題が含まれている。

第一。「病に応じて薬を与える」というように、法を説くことを薬と関係させて説いているところがある。この薬の喩えは、また常に衆生の機根と関連して述べられている。例文における意味は各例で示したとおりであるが、今ここでその箇所をまとめると次のとおりである。(17) **例12**の②「機根契當故。余薬無レ益故。」**例12**の③「如レ是諸経法契二当其機根一並皆妙薬。」**例13**「如來説法応レ病投レ薬。根機万差針灸千殊。」**例14**の①「正行正法随レ機多レ門。機根万差法薬随殊。」**例14**の②「如レ是妙法並皆契二其

機根一不思議妙薬。」例14の③「法薬雖二万差一。前所レ説八種法門是彼之本。然猶随二順機根一故有二浅深遅速一」。

第二。「有機根」の内容は、最初に帰って「横竪」の問題と合わせて考える必要がある。つまり、ここでは「十住心」と「四種法身」の問題が大きく取り扱われている。すなわち引用文例11の①は「十住心」を内容とし、例11の②は「四種法身」、例12の③は「四種法身」、例14の②は「十住心と四種法身」を機根と関連させて説いている。

第三。次にこの「有機根」の立場は、各例で明らかなように、衆生が求めていく衆生の側（向上）から説いた教えではなく、衆生を救う仏の側（向下）から説いた教えであることは重視すべきである。この立場は次の文によっても明らかである。すなわち『平城天皇灌頂文』に、

例15(18)

如レ是依二如來教勅一。以二最上智恵一簡二乘差別一發二菩提心一。若有二人等一乘二如レ是車一行二所行道一。未レ名二最上淨菩提心一。是故眞言門菩薩超二此諸住心等一。發二菩提心一行二菩提行一。爲レ知二此乘差別一發二深般若勝義心一。

是の如くの如来の教勅に依って、最上の智恵を以て乗の差別《しゃべつ》を簡《えら》び菩提心を発《おこ》すべし。若し人等有って是の如くの車に乗じて所行の道を行ずるをば、未だ最上の浄菩提心と名づけず。是の故に真言門の菩薩は此の諸《もろもろ》の住心等を超えて、

菩提心を発し菩提の行を行ず。此の乗の差別を知らんが為に深般若《じんぱんにゃ》の勝義心を発すべし。

とあり、真言行者の立場を明かしている。これによると各住心の差別に乗じて菩提心を発すのは、最上の浄菩提心ではない。真言行者は、各住心を超えたところで菩提心を発して菩提の行を行ずべきである、としている。

まとめ

第三章では、空海思想に介在している種々の問題の内、「横竪」「機根」という考え方を取り扱った。その結果としてこの問題の中で、大きく取り扱われていたのは、「十住心」における住心のあり方と、「四種法身」の法身の考え方の問題であった。この問題は、「横竪」では竪の立場で、「機根」では有機根のところでより具体的に分析されている。

さらに空海の覚りの考え方は、方便として向下の立場でこの問題を解明されているといえる。そこに「十住心」「四種法身」「応病与薬」のそれぞれの考え方があるといえるのである。注意すべきは、ここに取り扱われる「十住心」等の問題は、機根ありとする因位の問題としてあるが、それは常に果位の立場に立って、因位の中でみていく見方のなかで説いている、ということである。

「横竪」「機根」についての問題は以上のとおりである。だが空海の覚りの考え方、つまり生きている人間の生命をどう考えるかについては、なお一層検討を深めねばならない。これについては次の文章がみえる。

●例16(19)『二教論』

問若如二所談一者。説二法身内證智境一名曰二祕密一。自外曰レ顯。何故釋尊所説經等有二祕密藏名一乎。又彼尊所説陁羅尼門何藏攝歟。答顯密之義重重無數。若以レ淺望レ深深則祕密淺略則顯也。所以外道經書亦有二祕藏名一。如來所説中顯密重重。若以三佛説二小教一望二外人説一卽有二深密之名一。以レ大比レ小亦有二顯密一。一乘以レ簡レ三立二祕名一。總持擇二多名一得二密號一。法身説深奥。應化教淺略。所以名レ祕。所レ謂祕密且有二二義一。一衆生祕密。二如來祕密。衆生以二無明妄想一覆二藏本性眞覺一故曰二衆生自祕一。應化説法逗レ機施レ藥。言不レ虚故。所以他受用身祕二內證一而不レ説二其境一也。則等覺希夷十地離絶。是名二如來祕密一。如レ是祕名重重無數。今謂二祕密一者究竟最極法身自境以爲二祕藏一。又應化所説陁羅尼門。雖三是同名二祕藏一。然比二法身説一權而不レ實。祕有二權實一隨レ應攝而已。

問う、若し所談の如くならば、法身内証智の境を説くを名づけて秘密と曰い、自外《じげ》をば顕と曰う。何《いか》んが故にか釈尊所説の経等に秘密蔵の名有るや。又彼の尊の所説の陀羅尼門をば何《いず》れの蔵にか摂《せっ》するや。答う、顕密の義、重重無数《むしゅ》なり。若し浅《せん》を以て深《じん》に望むれば、深は則ち秘密、浅略は則ち顕なり。所以《ゆえ》に外道《げどう》の経書にも亦秘蔵の名有り。如来の所説の中にも顕密重重なり。若し仏小教を説きたもうを以て外人《げにん》の説に望むれば、即ち深密の名有り。大を以て小に比すれば亦顕密有り。一乗は三を簡《きら》うを以て秘の名を立つ。総持は多名《たみょう》に択《えら》んで密号を得。法身の説は深奥《じんおう》なり。応化の教は浅略なり。所以《ゆえ》に秘と名づく。所謂《いわゆる》秘密に且《しば》らく二義有り。一には衆生秘密、二には如来秘密なり。衆生は無明《むみょう》妄想《もうぞう》を以て本性《ほんしょう》の真覚《しんがく》を覆蔵《ふくぞう》するが故に衆生の自秘と曰う。応化の説法は機に逗《かな》って薬を施す。言は虚《むな》しからざるが故に。所以《ゆえ》に他受用身は内証を秘して其の境を説きたまわざるなり。則ち等覚《とうがく》も希夷し、十地も離絶せり。是れを如来秘密と名づく。是の如くの秘の名、重重無数なり。今秘密と謂っぱ、究竟最極法身《くきょうさいごくほっしん》の自境《じきょう》を以て秘蔵とす。又応化所説の陀羅尼門は、是れ同じく秘蔵と名づくと雖も、然《しか》も法身の説に比すれば権《ごん》にして実にあらず。秘に権実有り、応に随って摂すべしまくのみ。

●例17(20)『十住心論』第十

問毗盧遮那所説名二祕密一。釋迦所説名二顯敎一者。釋迦説中亦有二眞言及祕密之名一。與レ之何別。答釋迦所説眞言簡二多名句一得二祕名一。彼眞言義亦逗二機根量一。法華涅槃律藏等亦有二祕名一。各隨二所望一得二斯名一耳。律藏望二世間外道一得二祕名一。法華約レ引二攝一乘一有二斯名一。涅槃據レ示二佛性一得レ之。世間外道經書中亦有二斯名一。隨二各各所愛所珍一名レ之而巳。幷是小祕非二究竟説一。

問う、毘盧遮那の所説を秘密と名づけ、釈迦の所説を顕教と名づくといっぱ、釈迦の説の中にも亦真言及び秘密の名有り。之と何《いかん》が別なる。答う、釈迦所説の真言は、多名句に簡《えら》んで秘の名を得《う》。彼の真言の義も亦機根の量に逗《かな》えり。

法華・涅槃・律蔵等にも亦秘の名有り。各《おのおの》所望に随って斯の名を得るのみ。律蔵は世間の外道に望めて秘の名を得。法華は二乗に引摂《いんじょう》するに約して斯の名有り。涅槃は仏性を示すに拠りて之を得。世間の外道の経書中にも亦斯の名有り。各各の所愛所珍に随って之に名づくるのみ。幷びに是れ小秘にして究竟の説に非ず。

例18(21)『声字実相義』

今依二此等文一。明知佛身及衆生身大小重重。或以二虛空法界一爲二身量一或以二不可說不可說佛刹一爲二身量一。乃至以二十佛刹一佛刹一微塵一爲二身量一。如レ是大小身土互爲二內外一。互爲二依正一。此內外依正中必具二顯形表色一。故曰二內外依正具一。

今此等の文に依って、明らかに知んぬ。仏身及び衆生身、大小重重なり、と。或いは虚空法界を以て身量《しんりょう》とし、或いは不可説不可説の仏刹を以て身量とし、乃至十仏刹・一仏刹・一微塵を以て身量とす。是の如くの大小の身土《しんど》、互いに内外と為り、互いに依正と為る。此の内外・依正の中に必ず顕形表色を具す。故《かるがゆえ》に「内外依正具」と曰う。

例19(22)『般若心経秘鍵』

問陁羅尼是如來祕密語。所以古三藏諸疏家皆閇レ口絕レ筆。今作二此釋一深背二聖旨。如來說法有二二種一。一顯二祕。爲二顯機一說二多名句。爲二祕根一說二總持字一。是故如來自說二𑖀字・𑖮𑖳𑖽字等種種義一。是則爲二祕機一作二此說一。龍猛無畏廣智等亦說二其義一。能不之閒在二敎機一耳。說レ之默レ之竝契二佛意一。問顯密二敎其旨天懸。

今此顯經中說二祕義一不可。醫王之目觸レ途皆藥。解寶之人礦石見レ寶。知與レ不レ知何誰罪過。又此尊眞言儀軌觀法佛金剛頂中說。此祕中極祕。應化釋迦在二給孤園一爲二菩薩天人一說二畫像壇法眞言手印等一。亦是祕密。陁羅尼集經第三卷是。顯密在レ人聲字卽非。然猶顯中之祕祕中極祕。淺深重重耳。

問う、陀羅尼は是れ如来の秘密語なり。所以に古《いにしえ》の三蔵、諸《もろもろ》の疏家《しょけ》、皆口を閉じ筆《ふんで》を絶つ。今是の釈を作る深く聖旨《しょうし》に背《そむ》けり。如来の説法に二種有り。一には顕、二には秘。顕機の為には多名句《たみょうく》を説き、秘根の為には総持の字を説く。是の故に如来自《みずか》ら阿字吽字等の種種の義を説きたまえり。是れ則ち秘機の為に此の説を作《な》す。龍猛・無畏・広智等も亦其の義を説けり。能不の間、教機に在るのみ。之を説き之を黙する並びに仏意に契《かな》えり。問う、顕密二教其の旨《むね》天《はるか》に懸《はるか》なり。今此の顕経の中に秘義を説く、不可なり。医王の目には途に触れて皆薬なり。解宝の人は鉱石《こうせき》を宝と見る。知ると知らざると、何誰《たれ》か罪過ぞ。又此の尊の真言儀軌観法は仏金剛頂の中に説きたまえり。此れ秘が中の極秘なり。応化の釈迦は給孤園《きっこおん》に在《いま》して菩薩・天人の為に画像・壇法・真言・手印等を説きたもう。亦是れ秘密なり。『陀羅尼集経』第三の巻、是れなり。顕密は人在り声字は即ち非なり。然《しか》れども猶《なお》顕が中の秘、秘が中の極秘なり。浅深重重まくのみ。

右文**例16**・**例17**・**例18**・**例19**はいずれも、秘密の内容を明らかにしている。これは空海が覚りの境地をどのように考えていたかという問題と直結した文章であるといえる。いずれも秘密の義は重々無数であることをいっている。

例16の主意は次の如し。「顕と密との意義は重々無数で数限りがない。もし浅いものをもって深いものに望むと、深いものは秘密となり浅略なものは顕となる。だから外道の教書にもまた秘蔵の名があるのである。又如来の説いた教えの中においても、顕と密との義が重々である」となる。これを四種法身にあてて考えると、文中に「応化説法逗レ機施レ薬」つまり「他受用身と変化身の仏とが説いた教法は、衆生の機根に逗い、心の病に随って教えの薬を施す」とあるのは、浅深どのような境地の人間でも、その人間の性欲に適したところで、救われることを明かしている。

次に**例17**の文も、「毘盧遮那の所説を秘密と名づけ、釈迦の所説を顕教と名づけているが、この釈迦の所説の中にも秘密の名が見られるのだ」とあり、**例16**の文と同じ考え方である。そして文中「彼真言義亦逗二機根量一」とあり、教えが秘となるか浅となるかは機根によるとしている。

例18の文においても、仏身および衆生の身に大小重々の義があるとする。先の考え方と同じである。**例19**の文も顕機・秘機の中で浅深重々があることを明かしている。そしてつまるところは「顕密在レ人」と結論している。

以上から明らかなことは、密教の境地とは、ある一つの目的または境地を定めて、それに至ったものだけを覚りとして扱う考えをいうのではない。顕機のものは顕なりに、密機のものは密なりに、それぞれの立場を生かしていくことを説いているのである。この境地を理解する人が、密教の教えを知りえた人、つまり覚りを得た人といえるのである。

註

（1）『全集』第一輯三九七—三九八頁。
（2）①『全集』第一輯五二三頁、②『全集』第一輯五二五頁、③『全集』第一輯五三三頁。
（3）大正一八、九頁下。
（4）大正三九、六四九頁下。
（5）『全集』第一輯一二八—一二九頁。
（6）『全集』第一輯七〇四頁。
（7）『全集』第一輯八一四頁。
（8）①『全集』第一輯五〇〇頁、②『全集』第一輯五〇三頁。
（9）『異本即身義』（三）『全集』第四輯三五頁、『異本即身義』（四）『全集』第四輯五五—五六頁、『異本即身義』（五）『全集』第四輯七六頁、『異本即身義』（六）『全集』第四輯八七頁。
（10）『釈摩訶衍論』は、大正三二巻六〇一頁下、『十住心論』第九は『全集』第一輯三九四—三九五頁、『二教論』巻上は『全集』第一輯四七九頁、『釈論指事』上は『全集』第一輯六一四—六一五頁。
（11）『教王経開題』は『全集』第一輯七一六頁、『理趣経開題』は『全集』第一輯七二六頁、『法華経開題』は『全集』第一輯七五六頁、『梵網経開題』は『全集』第一輯八〇九頁。
（12）『全集』第一輯四七四頁。
（13）①は『全集』第一輯三九七—三九八頁、②は『全集』第一輯四一一—四一二頁。
（14）①は『全集』第一輯四二六頁、②は『全集』第一輯四二七頁、③は『全集』第一輯四四〇頁。
（15）『全集』第一輯四七六頁。

（16）『平城天皇灌頂文』の最後三分の一は『三昧耶戒序』と全く同文である。①は『平城天皇灌頂文』『全集』第二輯一六三頁、②は『平城天皇灌頂文』『全集』第二輯一六五―一六六頁、『三昧耶戒序』『全集』第二輯一三一―一三三頁、③は『平城天皇灌頂文』『全集』第二輯一六七―一六八頁、『三昧耶戒序』『全集』第二輯一三四頁（③は『三昧耶戒序』を使用）。

（17）薬の喩えは例示の他にも次の箇所が見出せる。『二教論』巻上に「應化説法逗レ機施レ藥」（『全集』第一輯五〇五頁）。『般若心経秘健』に「聖人投レ藥隨二機深淺一」（『全集』第一輯五五六頁）。『般若心経秘鍵』に「至レ若二翳障輕重覺悟遲速一。機根不同性欲即異。（二〇字略）隨二其解毒一得レ藥即別」（『全集』第一輯五五四頁）。

（18）『平城天皇灌頂文』は『全集』第二輯一六九頁、『三昧耶戒序』は『全集』第二輯一三六頁。

（19）『全集』第一輯五〇四―五〇五頁。

（20）『全集』第一輯四一三頁。

（21）『全集』第一輯五三一―五三二頁。

（22）『全集』第一輯五六一―五六二頁。

第四章　空海教学における因果論

はじめに

因果とは、原因と結果のこと、つまり結果を生ぜしめるものが因であり、その因によって生じたものが果である。一般には、修行の因によって覚りの果を得るとか、善因善果・悪因悪果とかいい、因果は、時間的な関係（因果異時という）と空間的な関係（因果同時という）で説明される。しかし同じ原因であれば、必ず同じ結果が生ずるかといえば、そうではなく、結果を生ぜしめる内的な直接の原因を因といい、外からこれを助ける間接の原因を縁といっている。以上はごく一般的な因果の説明であるが、これらの問題を、空海は、どのように考え解決しているのか。つまり空海の因果論を明らかにすることが、第四章の目的である。ここで取り扱う資料は、『十巻章』中、『般若心経秘鍵』『即身成仏義』『声字実相義』『吽字義』『弁顕密二教論』『秘蔵宝鑰』である。

第一節　一般的因果論

空海の教学は、もちろん空海当時の仏教学をふまえて、その上に成り立った教えである。でき上がった教学は、空海独自の思想体系を形成しているが、その思想を生み出した基盤は、やはり一般仏教学の思想である。因果論においても、これと同じように考えることができる。すなわち空海の文章中には、一般的な因果説も所々に見うけられるのは当然のことである。初めにこのことを検討しておこう。

●例1（1）『秘蔵宝鑰』

眞言行者當レ觀。二乘之人雖レ破二人執一猶有二法執一。但淨二意識一不レ知二其他一。久成二果位一以二灰身滅智一趣二其涅槃一。如二太虚空一湛然常寂。

真言行者《しんごんぎょうじゃ》、当《まさ》に観ずべし。二乗の人は人執を破すと雖も猶《なお》し法執有り。但し意識を浄《きよ》めて其の他を知らず。久久に果位を成《じょう》じ、灰身滅智《けしんめっち》を以て其の涅槃《ねはん》に趣くこと、太虚空の如くして湛然常寂《たんねんじょうじゃく》なり。

例2（2）『秘蔵宝鑰』

龍猛菩薩菩提心論云。又有二衆生一發二大乘心一行二菩薩行一。於二諸法門一無レ不二遍修一。復經二三阿僧祇劫一修二六度萬行一。皆悉具足然證二佛果一。久遠而成斯由三所習法教致有二次第一。

龍猛《りゅうみょう》菩薩の『菩提心論』に云く、又衆生有って大乗の心を発《おこ》して菩薩の行を行ず。諸の法門に於いて遍修《へんじゅ》せざること無し。復三阿僧祇劫を経て六度万行を修し、皆悉く具足して然して仏果を証す。久遠《くおん》にして成《じょう》ずることは、斯れ所習の法教致《おお》むね次第に有るに由ってなり、と。

例3（3）『弁顕密二教論』

種種根器種種方便如レ説修行得二人天果報一。或得二三乘解脱果一。或進或退於二無上菩提一。三無數大劫修行勤苦方得二成佛一。

種種の根器、種種の方便をもって、説の如く修行すれば人天《にんでん》の果報《かほう》を得。或いは三乗解脱の果を得。或いは進み、或いは退して無上菩提に於いて、三無数大劫に修行し勤苦《ごんく》して方《まさ》に成仏することを得。

例4（4）『秘蔵宝鑰』

於是芥城竭而還滿巨石磷而復生。三種練磨策二初心之欲レ退。四弘願行仰二後身之勝果一。築二等持城一安二唯識將一。征二魔旬仗陳一伐二煩惱賊帥一。

於是《ここ》に芥城《けじょう》竭《つ》きて還って満ち、巨石磷《ひすら》いで復生ず。三種《さんじゅ》の錬磨、初心の退せんと欲するを策《はげ》まし、四弘《しぐ》願行は後身の勝果を仰ぐ。等持の城を築いて唯識《ゆいしき》の将《いくさ》を安《あん》じ、魔旬《まじゅん》の仗陣《じょうじん》を征して煩悩の賊帥《ぞくすい》を伐《う》つ。

例5（5）『秘蔵宝鑰』

言二菩薩一者如レ是在家人持二十善戒一修二六度行一者是也。出家發二大心一者亦是。斷レ惡故離レ苦修レ善故得レ樂。下從二人天一上至二佛果一。皆是斷惡修善之所二感得一。爲レ示二斯兩趣一。大聖設レ教。佛教既存弘行在レ人。

菩薩と言っぱ、是の如きの在家の人、十善戒を持して六度の行を修する者、是れなり。出家は大心を発《おこ》す者、亦是れなり。悪を断ずるが故に苦を離れ、善を修するが故に楽を得《う》。下、人天より、上、仏果に至るまで、皆是れ断悪修善《だんなくしゅぜん》の感得する所なり。斯の両趣を示さんが為に、大聖教を設けたもう。仏教既に存ぜり、弘行人に在り。

例6（6）『秘蔵宝鑰』

此生作二惡業一後當レ墜二三途一。三途之苦經レ劫難レ免。如來慈父見二此極苦一説二其因果一。説二惡因果一拔二其極苦一。示二善因果一授二其極果一。修二其教一者略有二二種一。一出家二在家。出家者剃レ頭染レ衣比丘比丘尼等是也。

此の生に悪業を作って後に当に三途《さんず》に墜《お》つべし。三途の苦は劫を経ても免れ難し。如来の慈父、此の極苦を見て其の因果を説きたもう。悪の因果を説きて其の極苦を抜き、善の因果を示して其の極果を授く。其の教を修する者に略して二種有り。一には出家、二には在家なり。出家とは頭《こうべ》を剃り衣を染むる比丘・比丘尼等是なり。

例1・**例2**・**例3**は、因果関係を修行の時間的経過として明かしている。例示の中で、必要な部分の内容を示すと次の如くである。**例1**は、『秘蔵宝鑰』第五住心のところである。かつ声聞乗は六十劫、縁覚は百劫というような、長年月を経て、有余涅槃の果を得、ついには身も心も共に滅する無余涅槃に趣くのである、となる。**例2**は、三無数劫を費やして、六度の万行を修し、皆悉く円満し具足して、然して後、ようやく仏果を身につけることができる、とある。すなわち久遠の長年月を費やして、ようやく覚る、と述べている。**例3**は、種々の根機の人たちが、自分に合った色々の方便をもって、仏の説ける如くに修行すると、人と天との果報を得、あるいは三乗教の解脱の果を得るのである。その途中は、三無数劫の修行が必要である、と述べている。

例4は、勝果を得るには無限の長い年月を費やさねばならないとするが、その修行方法の一つとして、「四弘誓願の因行を修して後に得らるべき勝果を仰望する」べきことを述べている。**例5**は、出家・在家の行者は、「悪を断ずるが故に苦を離れ、善を修するが故に楽を得」とあり、下は人天より上は仏の果に至るまで、皆いずれも「断悪修善」の業によって感得することができる。このことを示さんがために、教えが説かれているのである、とある。つまり善因善果のことわりを述べている。**例6**は、衆生は自分の身に悪業を作って、三途の苦から抜け出せないでいる。そこで慈父の如き如来は、衆生の苦しみを見て、黙視することができず、因果応報の道理を示した。すなわち悪の因果を説いてはその苦を抜き、善の因果を示しては、その楽果を授けたのである、と。ここでも因果の道理が説かれている。

以上は、空海の文中にみられる因果の用例である。これらの例示をみる限り、空海の因果の使用例も、何も一般仏教の因果論と変ったところはない。ではどのようなところに、空海独自の因果論はみられるのであろうか。以下本題に入り、このことを検討していきたい。

第二節　『釈摩訶衍論』の因果

まず初めに、空海の因果思想の最も基本的な資料として取り上げねばならない書物がある。それは『二教論』巻上に引用の『釈摩訶衍論』（以下『釈論』と略称す）からの箇所である。

例7(7)

何故不二摩訶衍法無㆓因縁㆒耶。是法極妙甚深獨尊。離㆓機根㆒故。何故離㆑機。無㆓機根㆒故。何須㆓建立㆒。非㆓建立㆒故。是摩訶衍法諸佛所㆑得耶。能得㆓於諸佛㆒。諸佛得。不故。菩薩二乘一切異生亦復如㆑是。性德圓滿海是焉。所以者何。離㆓機根㆒故。離㆓教説㆒故。八種本法從㆓因縁㆒起。應㆓於機㆒故。順㆓於説㆒故。何故應㆑機。有㆓機根㆒故。如㆑是八種法諸佛所㆑得耶。諸佛所㆑得。得㆓於諸佛㆒。不故。菩薩二乘一切異生亦復如㆑是。修行種因海是焉。所以者何。有㆓機根㆒故。有㆓教説㆒故。

何《いかん》が故にか不二摩訶衍の法は因縁無きや。是の法は極妙甚深にして独尊なり。機根を離れたるが故に。何が故にか機を離れたる。機根無きが故に。何ぞ建立を須《もち》いる。建立に非ざるが故に。是の摩訶衍の法は諸仏に得せらるや。能く諸仏を得す。諸仏は得するや。不なるが故に。菩薩・二乗・一切異生も亦復是の如し。性徳円満海、是れなり。所以は何となれば、機根を離れたるが故に。教説を離れたるが故に。八種の本法は因縁より起こる。機に応ずるが故に。説に順ずるが故に。何《いかん》が故にか機に応ずる。機根有るが故に。是の如くの八種の法の諸仏は得せらるるや。諸仏は得せらるる。諸仏を得すや。不なるが故に。菩薩・二乗・一切異生も亦復是の如し。修行種因海、是れなり。所以は何となれば、機根有るが故に。教説有るが故に。

『釈論』では、一切の仏教の法門を因果二分している。

まず果分を不二摩訶衍法という。これは、一切の差別・機根を離れた仏自性の秘密の境界のことであり、この世界は果人の世界であるから、因人の者には理解できない。また「果海の問答」として、不二の法は一切の機根を離れた境地であること、さらに不二の境界は、真如門・生滅門の諸仏共に証得することができない、と述べている。この不二の境地を「性徳円満海」と名づける。

これに対し因分とは、仏自性の果分の世界を因人に示さんがために説かれた教えである。だから因分の法門は、衆生の種々なる機根に随って説かれたものであるから、機根の大小に随ってその法門にも異なりがみられる。また「因海の問答」として、衆生本有の一心を、真如の世界と生滅の世界とを開けて、八種の教法とする。この八種の法は、機根相応の境界であるから、あらゆる機根に答えて因縁に随って説かれる、と述べている。これを「修行種因海」と名づけるのである。

右の『釈論』からの引用文は重要である。それは空海の因果論のすべての展開が、ここから始まり、またここに帰着するからである。今一度総括し整理すれば次の如くである。性徳円満海と名づける果分の立場は、機根を離れ、教説を離れた境界である。仏自性の境界つまり因縁を越えている境界であるから因縁自体は説かない。これに対し修行種因海と名づける因分の立場は、機根があり教説がある世界をいう。つまり因縁に随って説かれた教えであるので、ここでは因縁を説く、となる。

空海は仏身説において、この果分の境地を密教と名づけ、因分の立場を顕教と名づけたのである。『二教論』巻上ではこのことを明示している。すなわち

例8（8）

若據二祕藏金剛頂經說一。如來變化身爲二地前菩薩及二乘凡夫等一說二三乘敎法一。他受用身爲二地上菩薩一說二顯一乘等一。竝是顯敎也。自性受用佛自受法樂故與二自眷屬一各說二三密門一。謂二之密敎一。此三密門者。所レ謂如來內證智境界也。等覺十地不レ能レ入レ室。何況二乘凡夫誰得レ昇レ堂。故地論釋論稱三其離二機根一。唯識中觀歎二言斷心滅一。如レ是絕離竝約二因位一談。非レ謂二果人一也。

若し秘蔵金剛頂経《ひぞうこんごうちょうぎょう》の説に拠らば、如来の変化身《へんげしん》は地前《じぜん》の菩薩及び二乗の凡夫《ぼんぷ》等の為に三乗の教法《きょうぼう》を説き、他受用身《たじゅゆうじん》は地上《じじょう》の菩薩の為に顕の一乗等を説きたもう。並びに是れ顕教なり。自性受用仏《じしょうじゅゆうぶつ》は自受法楽《じじゅほうらく》の故に自眷属とともに

各《おのおの》三密門を説きたもう。之を密教と謂う。此の三密門とは、所謂如来内証智《いわゆるにょらいないしょうち》の境界《きょうがい》なり。等覚《とうがく》・十地《じゅうじ》も室《しつ》に入ること能《あた》わず。何《いか》に況《いわん》や二乗・凡夫誰《たれ》か堂に昇ることを得ん。故《かるがゆえ》に『地論《じろん》』『釈論』には其の機根《きこん》を離れたるを称し、唯《ゆい》識《しき》・中観《ちゅうがん》には言断心滅《ごんだんしんめつ》を歎ず。是の如く絶離は並びに因位に約して談す。果人を謂うには非ず。

とある。ここでは仏身説において自性身・自受用身が密教にあたると説かれている。その境地は、離機根とも言断心滅ともいい、いわゆる如来内証智の境界ともいうのである。これに対し顕教とは、他受用身が説くところをいう。この境地は、いまだ悟りを開かない因人の人を対照としたものであり、すでに悟りを開いた果位にある人の立場をいうのではない、となる。

さらにまた『二教論』巻上では、空海自らの意見として、「所謂因分可説とは、顕教の分斉。果性不可説とは、即ち是れ密蔵の本分なり」と述べている。[9] これらからみても、顕教・密教を因・果にあてているのは明確であり、その基は、『釈論』の因果説によっていることが明らかである。つまり空海がいう顕教とは、因位の立場であり、それは人間が本来もっている素質能力に従って、種々の薬つまり教薬を必要とする教えである。『二教論』に、「答、如来の説法は、病に応じて薬を投ぐ。根機万差なれば針灸千殊なり」[10] とあるのも顕教の立場を述べたものである。『釈論』では、この顕教の教薬を八種の教法に分け、さらに三二種に分ける。そして因縁に従ってこれらが現れると説くのである。『釈論』の修行種因海つまり因分の世界は、このことを説くのであり、『二教論』では、この内容をそのまま取り入れているのである。[11]

右の如く、『釈論』の因分・果分の説では、特に因分の立場は、衆生と直接繫がる立場として説かれている。このことは重要である。なぜならば因果の問題で果（仏果・覚り）に至る「縁」という問題が、この因分と共に取り扱われているからである。そこで次に「縁」という問題に触れていきたい。

第三節　「縁」の解釈

空海は、「縁」という問題をどのようにとらえていたのであろうか。まず文章中の表現をみてみよう。

●**例9**[12]　『二教論』

問義若如レ是何故經中乃說二佛不思議品等果一耶。答此果義是約レ緣形對爲レ成レ因故說二此果一。非レ據二究竟自在果一。所二以然一者爲下不思議法品等與二因位一同會而說上故。知形對耳。

問う、義、若し是の如くならば、何《いかん》が故にか経の中に乃ち仏不思議品等の果を説くや。答う、此の果の義は、是れ縁に約して形対《ぎょうたい》して因を成ぜんが為の故に此の果を説く。究竟自在の果に拠《よ》るに非ず。然る所以は不思議法品等は因位と同会《どうえ》にして説くが為の故に、知んぬ、形対するのみ。

●**例10**[13]　『二教論』

天臺止觀第三卷云。此三諦理不可思議無二決定性一實不レ可レ說。若爲レ緣說不

レ出二三意一。一随情説即随他意語 二随情智説即随自他意語 三随智説即随自意語

天台止観の第三の巻に云く、此の三諦の理は不可思議にして決定の性無し。実に説くべからず。若し縁の為に説くは三つの意を出でず。一には随情説即随他意語　二には随情智説即随自他意語　三には随智説即随自意語。

●**例11**(14)　『声字実相義』

上所レ説依正土並通二四種身一。若約二竪義一有二大小麁細一。若據二横義一平等平等一。如レ是身及土並有二法爾随縁二義一。故曰二法然随縁有一。

上《かみ》に説く所の依正土は並びに四種身に通ず。若し竪《じゅ》の義に約せば大小麤細《そさい》有り。若し横《おう》の義に拠らば平等平等にして一なり。是の如くの身及び土並びに法爾随縁《ほうにずいえん》の二義有り。故《かるがゆえ》に「法然随縁有」と曰う。

●**例12**(15)　『秘蔵宝鑰』

夫禿樹非二定禿一遇レ春則榮華。増冰何必氷。入レ夏則泮注。穀牙待レ濕卉菓結レ時。至レ如二戴淵改レ心周處忠孝一。礦石忽珍魚珠照レ夜。物無二定性一人何常惡。遇レ縁則庸愚庶二幾大道一。順レ教則凡夫思レ齊二賢聖一。羝羊無二自性一愚童亦不レ愚。

夫れ禿《かぶろ》なる樹、定めて禿なるに非ず。春に遇《あ》うときは則ち栄え華《はな》さく。増《かさ》なれる氷《ひ》、何ぞ必ず氷ならん。夏に入るときは則ち泮《と》け注《そそ》ぐ。穀牙《こくげ》湿《うるお》いを待ち、卉菓《きか》時に結ぶ。戴淵《たいえん》心を改め、周処《しゅうしょ》忠孝《あつ》しが如くに至っては、鉱石《こうしゃく》忽ちに珍なり、魚珠夜を照らす。物に定まれる性無し、人《ひと》何ぞ常に悪ならん。縁に遇うときは則ち庸愚も大道を庶幾《こいねが》う。教に

順ずるときは則ち凡夫も賢聖に斉《ひと》しからんと思う。羝羊自性無し、愚童も亦愚にあらず。

例9は、『華厳経』仏不思議品からの引用である。ここでは果としての種々相が説かれている。つまり『華厳経』（顕教）は仏果を説いているではないか、の問である。これに対する答は、文中に「答、此の果の義は、是れ縁に約して形対して因を成せんが為の故に、此の果を説く。究竟自在の果に拠るに非ず」とみえる。ここでいう仏果の意味は、因位の人の縁に関連して説いたもので、因位の世界を明らかにせんがために、果界を説いたに外ならない。決して究竟せる自在の果（密教）の真実を根拠としているのではない、の意である。ここでいう縁とは因位の世界の問題であることが理解できる。**例10**「縁の為に説くは、三つの意を出でず」衆生の縁に応ずるために説くと、三つの意味を出ない、とある。三つとは「随情説の三諦」「随情智説の三諦」「随智説の三締」のことである。つまりここでの縁とは、衆生の縁に応じて、天台宗の教義を説くとの意である。

以上二例は、顕教の教えを説くところで、縁という言葉が使用されている箇所を示した。これは『釈論』でいうところの因分の立場である。

例11は、因分の立場を明らかにするのに、横・竪という説明の仕方をしている。横法爾の上からは平等であり竪随縁の上からは差別である、とある。つまり人間には常に大小麤細というような差別があるので、各々の立場の人が時間的・空間的に縁に遭遇することができるのである。つまりここでは縁とは、竪差別のところでの問題であることを明かしている。**例12**は、すべての物には一定不変の性質がないのであるから、人もまたいつまでも悪人というわけではない。なにかの縁に遭えばおろかな者でも、自分から人の道に気づき、教えに随順するときは、凡夫も賢者になろうと望むようになる、とある。つまりここでも縁の大切さを述べている。

右の用例を検討していくと残る問題がある。それは因果の問題における「縁」の内容のことである。つまり縁に遇うことが大事であることは説いているが、どのような縁に遇えばよいかという具体例になると、さほど適切な用例は見出せない。これはどうしてなのだろうか。一般に結果を引き起す間接的な原因を「縁」というが、空海の文中では「縁」という単語は、内容的には空海独自な考え方はみられるが、用例は少ない(16)。この問題は、次のことを意味している。すなわち空海が「縁」という意味内容をいう時は、「縁」一字でいっているのではなく、「因なる縁」「因即縁」の表現、つまり「因縁」という単語でいっているようである。したがって次に「因縁」という語の検討を進めていきたい。

第四節　因縁の意味

因と果の関係を明らかにする過程において、因縁という問題は重要である。空海の文章で因縁という意味を探ると、空海は因縁という問題を重要事項として、特別に考えていることが理解できる。すなわちこの因縁の問題は空海においては『吽字義』の中に集中して述べられていることに気がつく。

『吽字義』一巻の内容は、「字相」と「字義」に大別されている。字相の中は次の如く訶字門、阿字門、汗字門、摩字門の四つに区分される。「訶字門」とは、悉曇文字のウン字（𑖮𑖳𑖽）の中央の根本主体となっている字（𑖮）のことである。これを因または因縁の義を表す標幟であるとするのである。「阿字門とは、阿とはあらゆる文字の母であり、あらゆる声の体であり、あらゆる実相の源である。この阿によって、もろもろの法の空相なることを知るのである。「汗字門」とは、もろもろの法の損減の義を表す標幟である。「摩字門」とは、人としての我、法としての我の義を表す標幟である。以上の四つに分け、各々の立場を明らかにしている。今因縁の問題は、「阿字門」のところにも少しばかりみられるが、「訶字門」のところで集中して説かれている。

例13(17)

一賀字義者。中央本尊體是其字也。所レ謂賀字是因義也。梵云二係怛嚩一二合。卽是因緣義。因有二六種一。及因緣義中因有二五種一。如二阿毗曇廣說一。若見二訶字門一卽知下一切諸法無レ不中従二因緣一生上。是爲二訶字字相一。

一に賀字の義とは、中央本尊の体、是れ其の字なり。所謂《いわゆる》賀字は是れ因の義なり。梵には係怛嚩二合と云う。即ち是れ因縁の義なり。因に六種有り。及び因縁の義の中に因に五種有り。阿毗曇に広く説くが如し。若し訶字門を見れば、即ち一切の諸法は因縁より生ざること無しと知る。是れを訶字の字相とす。

例14(18)

初訶字實義者。所レ謂訶字門一切諸法因不可得故。何以故。以二諸法展轉待レ因成一故。當レ知最後無レ依。故說二無住一爲二諸法本一。所二以然一者以二種種門一觀二諸法因緣一悉不生故。

初めに訶字の実義といっぱ、所謂《いわゆる》訶字門一切諸法因不可得の故に。何を以ての故に。諸法は展転《ちんでん》して因を待って成ずるを以ての故に。当《まさ》に知るべし、最後は依《え》無し。故に無住を説いて諸法の本とす。然《しか》る所以《ゆえん》は種種の門を以て諸法の因縁を観ずるに悉く不生なるが故に。

●例15(19) 以下一切法無レ不中従二衆縁一生上。従レ縁生者悉皆有レ始有レ本。今観二此能生之縁一。
亦復従二衆因縁一生。展轉従レ縁誰爲二其本一。

一切の法は衆縁より生ぜざること無きを以て、縁より生ずる者は悉く皆始め有り本有り。今此の能生《のうしょう》の縁を観ずるに、
亦復衆因縁より生ず。展転《ちんでん》して縁に従う。誰をか其の本と為さん。

●例16(20) 而世間凡夫不レ観二諸法本源一故妄見レ有レ生。所以随二生死流一不レ能二自出一。如下彼
無智畫師自運二衆綵一作二可畏夜叉之形一。成已還自観レ之心生二怖畏一頓躄中于地上。
衆生亦復如レ是。

而も世間の凡夫は、諸法の本源を観ぜざるが故に妄りに生有りと見る。所以に生死の流に随って自ら出ること能わず。
彼の無智の画師の自ら衆綵を運んで可畏夜叉の形を作し、成し已って還って自ら之を観じて心に怖畏を生じて頓《にわか》に地
に躄《たう》るるが如く、衆生も亦復是の如し。

例13の文中に「若し訶字門を見れば、即ち一切の諸法は、因縁より生ぜざることなし。是を訶字の字相とす」とある。ここではすべての諸法は因縁より生ずることを断言している。そして「因に六種有り。及び因縁の義の中に因に五種有り」とし、各々について具体的に説明がある。今その六種を示

す。（1）能作因《のうさいん》（間接の原因）。果を生ずるにあたっての間接の原因。（2）倶有因《くうういん》（同時因果の理）。互いに因とたり果となる如きもの。（3）同類因（異時因果の理）。善は善、悪は悪というように、相似同類の果を生ずる因。（4）相応因（主として心識生起の原因）。心王と心所とが倶起して、互いに因となり果となること。（5）遍行因《へんぎょういん》（主として心識生起の原因）。同類因の中で、特に力の強い煩悩すなわち遍行惑についていう場合を別立したもの。（6）異熟因《いじゅくいん》（善悪の因より善でも悪でもない中性の異熟果を生ずる）。後に無記性（中性）の果を生ぜしむる善もしくは悪の因をいう、の六種である。原文中に「及び因縁の義の中に因に五種有り」とは、六種の中（1）能作因を除いたものを因縁もしくは新因縁という、との意味である。以上は有部宗（倶舎宗）で説くところの六因である。つまりここでは因縁の説明が具体的に示されている。

例14「訶字門とは、一切のもろもろの法の因不可得という義をあらわす。なぜかといえば、一切の法は、因にはその因があり、その因には因があるというように、限りなく転々していく。これをさかのぼるに、最後は因として依るべき何らの固定したものはない、とする。つまり諸法の本は無住であると説かれ、そしてこの無住のところこそ、もろもろの根本である。故に諸法の成立している因縁を感じても、不可得不生である」と述べている。

例15「ありとあらゆる一切のものは、すべて因縁から生じている。この縁から生じたるものは、皆始めがあり根本がある。今その始めがあり、根本がある因縁を観ずるに、その因縁には又他の因縁があるというようになっている。だからその始めを転々して、これを推し窮むるに、いずれも果てしない因縁のゆえに、その本というべきものはないのである」とある。つまり、因縁↓因縁↓因縁↓因縁云々の如く、その根本は際限がないことを知ることが「如実知自心」である、と述べている。

例16は、**例15**のつづきである。「世間の凡夫は、もろもろの法の本源を観ずることができないゆえに、妄りに因縁の固定した生死ありと見るのである。そのために生死にとらわれ、その流れに沈溺して自ら出ることができないのである」とある。

右に示したように空海は、因縁のことは『吽字義』において、その意味を意義づけようとしていることが理解できる。そこでは因・因縁とは、無限に転々していく意味であることを述べているのである。さらに『吽字義』には、より具体的な説明がみられる。

●**例17**(21)

復次因縁生法必帯㆓四相㆒。帯㆓四相㆒故變壊無常。變壊無常故苦空無我。苦空無我故不得自在。不得自在故不住自性。不住自性故高下相望尊卑重重。若以㆑劣望㆑勝劣則爲㆑損。以㆑下比㆑上下則名㆑減。如㆑是損減其數無量。

復次に因縁生《いんねんしょう》の法は必ず四相を帯す。四相を帯するが故に変壊《へんね》無常なり。変壊無常なるが故に苦空無我なり。苦空無我なるが故に不得自在なり。不得自在なるが故に不住自性なり。不住自性なるが故に高下《こうげ》相望《そうもう》するに尊卑重重なり。

若し劣を以て勝に望むるに、劣は則ち損と為す。下を以て上に比するに、下は則ち減と名づく。是の如く損減其の数無量なり。

●**例18**(22)

阿字從二本不生一生二一切法一。今亦訶字以二無因待一爲二諸法因一。終始同歸。則中間旨趣皆可レ知矣。是名二訶字實義一。

阿字は本不生《ほんぶしょう》より一切の法を生ず。今亦訶字は無因待《むいんだい》を以て諸法の因とす。終始同じく帰す。則ち中間の旨趣《ししゅ》皆知んぬべし。是を訶字の実義と名づく。

●**例19**(23)

當レ知萬法唯心。心之實相卽是一切種智。卽是諸法法界。法界卽是諸法之躰。不レ得レ爲レ因。以レ是言レ之因亦是法界。緣亦是法界。因緣所生法亦是法界。

当《まさ》に知るべし、万法は唯心なり。心の実相は即ち是れ一切種智なり。即ち是れ諸法法界なり。法界即ち是れ諸法の体なり。因とすることを得じ。是を以て之を言わば、因亦是れ法界、縁亦是れ法界、因縁所生の法も亦是れ法界なり。

例17「因縁生の法は云々」とあり、因縁生の法を具体的に述べている。内容は次の如くである。

「因縁より生じたる法は、生住異滅の四相を帯びている。四相を帯びているが故に、変り壊れて無常である。変り壊れて無常であるが故に、苦しみがあり空であり無我である。苦しみがあり空であり無我であるが故に、自在を得ず。自在を得ざるが故に、一定の自性に住せず。一定の自性に住せざるが故に、高きものと低きものを相望するに、尊いものとか卑しいものとかの重々がある」とある。これは因縁より生じた法に、高下の差別があることを述べているのである。つづいて「若し劣を以て勝に望むるに、劣は則ち損となる。下を以て上に比するに、下は則ち減と名づく。是の如く損減其の数無量なり」とある。ここでは因縁より生じた法には、勝劣・上下の差別があることを強調している。

例18は、訶字門によっていわんとするところは、因果の対立を超越した境地であることを強調している。

例19は、因といっても、縁といっても、因縁所生といっても、いずれも対立を超えた上の境地であるから、因即法界、縁即法界、因縁所生の法即法界である。すなわち法界とは、あらゆる対立を超越した境地であるから、何らかの果に対する因ということではないのである。ここでは、一切の法は心の現れであり、この心が法界と合一することを述べている。

右の**例13**より**例19**は、因縁の意味内容を具体的に述べている箇所である。これらからして『吽字義』は、因縁の意味を明らかにせんがための著述であることが明らかである。ここに『吽字義』著述の意義が理解できるのである。

空海は自らの教学の中で、『吽字義』の中では因縁の意味を集中して述べている。以上の例示はこのことを明らかにしたものであるが、因縁の中「十二因縁」なる意味の位置づけは、空海においてはまた別に考えなければならない。次にそのことを述べていきたい。

第五節　十二因縁の位置づけ

十二因縁とは、凡夫である有情の生存が、十二の条件によって成り立っていることをいう。一般には十二縁起、十二因縁起、十二縁生などと呼ばれている。十二とは、無明・行・識・名色・六処（六入）・触・受・愛・取・有・生・老死である。この十二は相依相対的な関係にあると説くのが十二縁起である。根本仏教の最も基本的な教義の一つである。「巴利文の律の大品」、『倶舎論』巻九、『成唯識論』巻八、『雑集論』巻四、『婆沙論』巻二四などがその基本的資料となっている。さて、空海はこの十二因縁をどのように理解しているのであろうか。まず結論からいえば、空海は十住心体系の関連のなかで位置づけており、その他の場所では、十二因縁は説かれていない。このことも空海の因縁論の特色といえよう。以下にその例示をみていく。

●例20[24]　『秘蔵宝鑰』

第五抜業因種心　　修㆓身十二㆒　無明抜㆑種
業生已除　　無言得㆑果。

第五抜業因種心《ばつごういんしゅしん》　身を十二に修して　無明種《しゅ》を抜く
業生已《すで》に除いて　無言に果を得。

●例21(25)『秘蔵宝鑰』

抜業因種心者。麟角之所證部行之所行。觀㆓因縁於十二㆒厭㆓生死乎四五㆒。見㆓彼華葉㆒覺㆓四相之無常㆒。住㆓此林落㆒證㆓三昧於無言㆒。業惱株杌猶㆑此而拔。無明種子因㆑之而斷。爪犢遙望不㆑近。建聲何得㆓窺窬㆒。

抜業因種心とは、麟角《りんかく》の所証、部行《ぶぎょう》の所行なり。因縁を十二と観じ生死《しょうじ》を四五に厭《いと》う。彼の華葉を見て四相の無常を覚《さと》り、此の林落に住して三昧を無言に証す。業悩《ごうのう》の株杌《しゅこつ》此に猶《よ》って抜き、無明の種子之に因《よ》って断ず。爪犢《そうとく》遥に望めども近づかず。建声《こんしょう》何ぞ窺窬《きゆ》することを得ん。

例20・**例21**は、十二因縁が十住心論体系の第五抜業因種心にあたることを示している。第五住心は縁覚にあたる。

例21の文中に、「麟角の所証部行の所行なり」とある。麟角とは、麟の一角に喩えて、初めから伴侶のない独住者のこと。(26)部行とは、第四住心の声聞で、集団を組織して団体生活をしている者をいう。ここはその集団を離れて独り自ら覚るという意味である。いずれも独覚者つまり縁覚のことをいっている。この縁覚乗の人は、十二因縁を観じて、生死の世界を厭い、無常を覚り、無明の原因を覚るの

である。これが空海の縁覚の位置づけである。(27)

空海は、十二因縁を第五抜業因種心（縁覚）として位置づけたのであるが、その資料は何によってであろうか。

●**例22**(28)『秘蔵宝鑰』

故經云。拔三業煩惱株杌無明種子生二十二因縁一。

故に経に云く、業煩悩の株杌無明の種子の十二因縁を生ずるを抜く、と。

●**例23**(29)『秘蔵宝鑰』

釋云。謂十二因縁者。守護國經云。復次善男子。如來於二一切靜慮解脫等持等至一伏二滅煩惱一生起因縁皆如レ實知。佛云何知。謂知下衆生煩惱生起以二何因一生以二何縁一生。滅レ惑清淨何因能滅何縁能滅上。此中煩惱生因縁者謂不正思惟。以レ此爲二其因一無明爲レ縁。無明爲レ因行爲レ縁。行爲レ因識爲レ縁。識爲レ因名色爲レ縁。名色爲レ因六處爲レ縁。六處爲レ因觸爲レ縁。觸爲レ因受爲レ縁。受爲レ因愛爲レ縁。愛爲レ因取爲レ縁。取爲レ因有爲レ縁。有爲レ因生爲レ縁。生爲レ因老死爲レ縁。煩惱爲レ因業爲レ縁。見爲レ因貧爲レ縁。隨眠煩惱爲レ因現行煩惱爲レ縁。此是煩惱生起因縁。

釈して云く、謂く十二因縁とは『守護国経』に云く、復次に善男子、如来は一切の静慮《じょうりょ》解脱《げだつ》等持《とうじ》等至《とうじ》に於いて煩悩を伏滅して、生起する因縁皆実の如く知りたまえり。仏云何《いかん》が知りたもう。謂く衆生の煩悩の生起することは、何の因を以て生じ、何の縁を以て生ず。惑《わく》を滅して清浄《しょうじょう》なることを、何の因をもって能く滅し、何の縁をもって能く滅すと知りたもう。此の中に煩悩の生ずる因縁とは謂く不正思惟なり。此を以て其の因とし、無明を縁とす。無明を因とし、行《ぎょう》を縁とす。行を因とし、識を縁とす。識を因とし、名色《みょうしき》を縁とす。名色を因とし、六処を縁とす。六処を因とし、触《そく》を縁とす。触を因とし、受を縁とす。受を因とし、愛を縁とす。愛を因とし、取を縁とす。取を因とし、有を縁とす。有を因とし、生を縁とす。生を因とし、老死を縁とす。煩悩を因とし、業を縁とす。見を因とし、貪を縁とす。随眠《ずいめん》煩悩を因とし、現行《げんぎょう》煩悩を縁とす。此は是れ煩悩の生起する因縁なり。

●例24(30)『秘蔵宝鑰』

問此住心亦依㆓何經論㆒説耶。答大日經菩提心論。彼經論何説。經云。縁覺拔㆔業煩悩株杌無明種子生㆓十二因縁㆒。離㆓建立宗等㆒。如㆑是湛寂一切外道所㆑不㆑能㆑知。先佛宣説離㆓一切過㆒。

問う、此の住心は亦何《いず》れの経論に依ってか説くや。答う、『大日経』『菩提心論』なり。彼の経論に何《いか》んが説く。経に云く、縁覚は業煩悩の株杌《しゅこつ》無明の種子の十二因縁を生ずるを抜く。建立宗等を離れたり。是の如くの湛寂《たんじゃく》は、一切外《げ》道《どう》の知ること能《あた》わざる所なり。先仏《せんぶつ》宣説したまえり、一切の過《とが》を離れたり、と。

●**例25**(31)『秘蔵宝鑰』

龍猛菩薩菩提心論云。又二乘之人聲聞執二四諦法一縁覺執二十二因縁一。知二四大五陰畢竟磨滅一。深起二厭離一破二衆生執一。勤二修本法一尅二證其果一。趣二本涅槃一已二為究竟一。

龍猛菩薩の『菩提心論』に云く、又二乗の人、声聞は四諦《したい》の法を執《しゅう》し、縁覚は十二因縁を執す。四大五陰畢竟《ひっきょう》磨滅《まめつ》す、と。深く厭離《おんり》を起こして衆生の執を破す。本法を勤修《ごんじゅ》して其の果を尅証《こくしょう》し、本涅槃に趣くを究竟と已為《おも》えり。

例22の「経云」とは『大日経』住心品の文である、経中に「縁覚は、悪業や煩悩の根元である無明の種子が十二因縁の流れを生ずるのを除く」と説いている。**例23**は、**例22**につづいている文章である。ここでは「守護国経に云く」として「煩悩の生ずる因縁とは、謂く不正思惟なり。此を以て其の因とし、無明を縁とす。無明を因とし、行を縁とす。云々」とあり、順次十二因縁を述べている。すなわち生死流転の煩悩を生起する因縁を十二因縁として示しているのである。如来はこのことを実の如く知っている、としている。

例24は、『大日経』住心品に云くとして「縁覚は、悪業と煩悩との根である無明の種子が、十二因縁の流れを生ずるのを抜き除く云々」とあり、独覚たる縁覚の立場を明かしている。

例25は、『菩提心論』に云くとして次の如くある。「声聞は四締の法をもって最極のものと信じ、縁覚は十二因縁をもってこよなきものと執している。いずれにしてもかれらは、四大もしくは五陰から成立しているものは、いつかは磨滅することを知っている。だから深く厭離の心を起し、衆生に対する執われを破し、その本法たる四締・十二因縁を勤修して、有余涅槃の果を身につけ、さらに無余涅槃に趣入することをもって、究竟としているのである」。

右は、空海が縁覚と十二因縁の関係を明らかにした箇所を示した。ここには具体的に十二因縁の内容が明らかにされており、空海が十二因縁という場合の資料が理解できる。資料は『大日経』（**例22・例24**）、『守護国経』（**例23**）、『菩提心論』（**例24・例25**）である。

以上空海の十二因縁の位置づけについて述べた。

第六節　「因」と「果」の関係

空海の教学における因果の問題は、『釈論』がその原書的資料となっている。『釈論』の中では、因分の立場は、特に衆生とのかかわりにおいて重要視されている。さらに空海の著作の中の『吽字義』は、因縁について集中して述べており、そこに『吽字義』の特色がある。また十二因縁については、縁覚とのかかわりで、十二因縁をとらえており、これも空海独自の位置づけである。以上述べた内容は、空海の著述の中で、因果の問題において特に「因の立場」について明らかにしたものである。

さて、それでは「因」と「果」の関係は、具体的にどのようになっているのであろうか。空海はこの問題についても端的に説いている。次にこの問題に触れていこう。

●例26[32]　『秘蔵宝鑰』

驚二一道於弾指一覺二無爲於未極一。等空之心於レ是始起。寂滅之果果還爲レ因。是因是心望二前顯教一極果。於二後祕心一初心。初發心時便成二正覺一宜二其然一也。初心之佛其德不思議。萬德始顯一心稍現。證二此心一時知二三種世間卽我身一。覺二十箇量等亦我心一。

一道を弾指《だんし》に驚かし無為《むい》を未極《みごく》に覚《さと》す。等空の心、是に於いて始めて起こり、寂滅《じゃくめつ》の果、果還って因と為る。是の因、是の心、前の顕教に望むれば極果なり。後の秘心に於いては初心なり。初発心の時に便ち正覚を成ずること宜《よろ》しく其れ然るべし。初心の仏、其の徳不思議なり。万徳始めて顕れ一心稍《やや》現ず。此の心を証ずる時、三種世間は即ち我が身なりと知れり。十箇の量等は亦我が心なりと覚る。

●例27[33]　『秘蔵宝鑰』

第四唯蘊已後名レ得二聖果一。出世心中唯蘊抜業是小乗教。他縁以後大乗心。大乗前二菩薩乗後二佛乗。如レ此乗乗自乗得二佛名一望レ後作二戯論一。前前皆不住故名二無自性一。後後悉不レ果故皆是因。轉轉相望各各深妙。所以深妙。眞言密教法身說者。此一句顯二眞言教主一。極無自性以外七教皆是他受用應化佛所說。

第四の「唯蘊」已後は聖果を得と名づく。出世の心の中に「唯蘊」「抜業」は是れ小乗教、「他縁」以後は大乗の心なり。大乗において前の二は菩薩乗、後の二は仏乗なり。此の如くの乗乗、自乗に仏の名を得れども、後に望むれば戯論と作る。前前は皆不住なり、故に無自性と名づく。後後は悉く果にあらず、故に皆是因という。転転相望するに各各に深妙なり。所以に深妙という。真言密教法身説とは、此の一句は真言の教主を顕す。「極無自性」以外の七つ教は皆是れ他受用応化仏の所説なり。

例26・例27は、空海の「因」と「果」の関係の基本的立場を示している。

例26は、十住心体系の第九極無自性心（華厳宗）のところ。文中「寂滅の果果還って因と為る」とは、（第九住心は）第八如実一道心から進転して来た果位であるけれども、これを第十住心に比すれば、この果位もまた因位ということになる、の意。つづいて「是の因是の心、前の顕教に望むれば極果なり。後の秘心に於ては初心なり」とは、その因位といっても、これをそれにさきだつ住心に対すると、極果ということになり、後の秘密荘厳心に比すると初心ということになる、の意。ここでは、因果とは、因→果（因）→果（因）→果（因）→果云々というように、さきだつ住心に対すれば果であるが、この果は後の住心に比するとまた因といえる。だから第九極無自性心で使われている「果」という言葉も、第十住心からすれば、初心（因）という意味となるのである。つまり果とは仏教でいう究極の覚り（仏果）そのものをさすとは結論づけられない。因と果の関係は一回だけの関係ではなく、因果の対立をとおして、その矛盾を一層高い境地に進めるという運動・発展の姿において因果をとらえていく、いわば弁証法的関係においてとらえていることが理解できるのである。

例27も**例26**と同じ考え方である。文中「第四の唯蘊以後は聖果を得と名づく。出世の心の中に唯蘊抜業は是れ小乗教、他縁以後は大乗の心なり。大乗において前の二は菩薩乗、後の二は仏乗なり。此の如くの乗乗、自乗に仏の名を得れども、後に望むれば戯論と作《な》る。前々は皆不住なり、故に無自性と名づく。後々は悉く果にあらず。故に皆是因という。転転相望するに各各に深妙なり。所以《このゆえ》に深妙という」の意味内容は、**例26**と同じ内容である。「各々の住心は、それぞれ仏の名を立てているけれども、後々の住心に望むれば、いずれも戯論となる。前々の住心は、いずれもその当位にとどまらずして、後々の住心に移るがゆえに無自性と名づけるのである。後々の住心といっても、（これら前九種住心は、これを第十住心に対すれば）いずれも果ではない。みな因となる。転々相望して前々の住心と対比すると、後々の住心は各々にみな妙なるがゆえに〈深妙〉というのである」の意。これも因果関係を完全に弁証法的因果としてとらえている。その前後の関係は次の如くなる。

- 小乗
  - 第四
  - 第五
- 大乗
  - 菩薩乗
    - 第六
    - 第七
  - 仏乗
    - 第八
    - 第九

空海の因果論は、右の如く十住心論体系のなかで、弁証法的に展開されていることが明らかとなった。各住心の関係を検討すると、住心の展開は、各住心各々のところで緻密に位置づけられ検討されている。以下このことに触れていこう。

●例28（34）『秘蔵宝鑰』

問此住心亦依二何經一說。答大日經。彼經何說。經云。愚童凡夫或時有二一法想生一。所レ謂持齋。彼思二惟此少分一發二起歡喜一數數修習。祕密主。是初種子善業發生。復以レ此爲レ因於二六齋日一施二與父母男女親戚一是第二牙種。復以二此施一授二與非親識者一是第三疱種。復以二此施一與二器量高德者一是第四葉種。復以二此施一歡喜授二與伎樂人等一及獻二尊宿一是第五敷華。復以二此施一發二親愛心一而供二養之一是第六成果。

問う、此の住心は亦何《いず》れの経に依ってか説く。答う、『大日経』なり。彼の経に何《いかん》が説く。経に云く、愚童凡夫、或る時に一法の想生すること有り。所謂《いわゆる》持斉なり。彼此の少分を思惟して歓喜を発起し数数《そくそく》に修習す。秘密主、是の初めの種子の善業の発生するなり。復此れを以て因と為して、六斎日《ろくさいにち》に於いて父母《ぶも》男女親戚に施与する、是れ第二の牙種《げしゅ》なり。復此の施を以て非親識の者に授与する、是れ第三の疱種なり。復此の施を以て器量高徳者に与える、是れ第四の葉種なり。復此の施を以て歓喜して伎楽の人等に授与し及び尊宿に献《こん》ずる、是れ第五の敷華《ふけ》なり。復此の施を以て親愛の心を発して而《しか》も之を供養する、是れ第六の成果なり。

例28は、第二愚童持斎心である。ここでは愚童凡夫も内外の因縁によって、善心が起ることを『大日経』住心品によって説いている。愚童持斎心の因果の具体例であるのでここに示す。『大日経』

には次に示す六種を明かしている。「愚童凡夫も内外の因縁によって善心を誘発される時がある。その時自らの食すべき量を節約し、あるいは一日不食の戒を持つようになる。これが第一の「持斎心」である。この善行をしたことに喜びの心をおこし、その貯えたる食物を他に施す心が生じる。この善心が因となって、施しの心が展開していき、父母や親戚にものを与えようとする。これが第二の「芽種心」である。またこの施しが進んで、親識以外の人にも与えようとする。これが第三の「疱種心」である。またこの施しをさらに進めて、器量の勝れたものや徳行者に与えようとする。これが第四の「葉種心」である。またこの施しをもって心に歓喜して、伎楽人のように他をよろこばせて、人々の模範となる尊宿に与えようとする。これが第五の「敷華心」である。またこの施しをもって愛の心をおこし、善知識に供養するようになる。これが第六の「成果心」である」と。

●例29(35)　『秘蔵宝鑰』

徒労二解脱之智一未レ知二涅槃之因一。是故大覺世尊説二此羊車一。抜二出三途之極苦一解二脱八苦之業縛一。其爲レ敎也。三藏廣張四諦普觀。三十七品爲二道助一四向四果卽人位。

徒《いたず》らに解脱《げだつ》の智を労して、未だ涅槃《ねはん》の因を知らず。是の故に大覚世尊、此の羊車《ようじゃ》を説いて、三途《さんず》の極苦を抜出《ばっしゅつ》し、八苦の業縛《ごうばく》を解脱したもう。其の教えたらく、三蔵広く張り、四諦《したい》普《あまね》く観ず。三十七品《ぼん》は道の助けたり。四向四果は即ち人の位なり。

例29は、第四唯蘊無我心のところであり、声聞乗にあたる。内容は次の如し。「声聞は、いたずらに解脱を求める邪智を労するのみで、涅槃に到るべき真実の因行を知らない。だから大覚世尊は彼らの迷妄をあわれみ、かの羊車に比すべき声聞乗を説いて、地獄・餓鬼・畜生の三途の苦しみを抜き、八苦の業の縛を解脱せしめるのである」とある。その教えとしては、具体的に三蔵を宣揚することと、四諦を観ずることを明かしている。

第七節　四家大乗と因果

因と果の関係は、『釈論』が基本資料となっており、空海はこの『釈論』を基本としながら、独自の思考を展開している。空海の因果の内容は、求道心が順次向上発展していく過程において因果の関係を説いている。つまり十住心体系のなかでこの問題を論じているのである。以上については、ここまでに述べてきた。

次にこの問題は、空海当時の仏教学派においてはどうであるのか。つまり空海がいう密教と顕教との間では、いかに処理されているのかについて述べたい。これについては空海は『二教論』の中で深く考察している。

『二教論』巻上には、『釈論』第五によって顕密を述べる箇所があるが、その中で「五重問答釈」という所は重要である。(36) ここでは問題を明・無明として決択し、四家大乗の教えは無明の分位であって明の分位でないことを明かしている。順次これを示す。

第一重は、一切の悪を断つこと、つまり断悪修善の内容を問題にしている。この断悪修善は本覚に対する始覚であるから、無明の分位であるとするのである。第一重は法相宗にあたる。第二重は、断悪修善の境地を越えた清浄本覚の境地を問題としている。この清浄本覚の立場は、修行によって得られるものではなく、人間が本来先天的にもっているものである。しかしこの本覚も『釈論』の論主龍猛菩薩からすれば、やはり無明の分位であるとするのである。ここは三論宗にあたる。第三重は、一法界心すなわち真如法界を問題としている。この真如は、生滅に対する真如であるとするが、この真如は因分より見た立場であるから無明の分位であるとしている。ここは天台宗にあたる。第四重は、三自一心摩訶衍いわゆる事事無礙の縁起の法を問題としているが、この境地も無明の分位であると釈している。ここは華厳宗にあてている。第五重は、問だけで答がない。「不二摩訶衍の法は、唯是不二摩訶衍の法なり。是の如くの不二摩訶衍の法は、明とやせん無明か」とあるだけである。これは不二摩訶衍法とは、差別の相がなくなった立場であり、機根も教説も共に離れた秘密の法門である。つまり第五重はすでに問の中に答を含んでいると考えるべきである。

以上の五重問答釈につづいて『釈論』第一を出して明・無明の問題は因果の問題として、明確な答を出していくのである。『釈論』第一の原文と解説は**例7**ですでに説き終えた。

つづいて『釈論』第十を引用している。ここでは『大乗起信論』の最後に説いてある「諸仏甚深広大義　我今随分総持説　廻此功徳如法性　普利一切衆生界」という流通分一頌四句の中の最初の一句の釈文である。この引用に対する解説は次の文が適切であるので、その文を借用する。「此の論文の引証の要旨は、因果得不のことは、釈論第一巻の引証文に明となったけれども、未だ此の因分の境界が顕教にあたることが明でないから、今此の文を引いて、顕教の内、最も勝れた華厳教主すら猶因分の仏であることを顕し、総じて顕教が釈論所説の因果二分の中の因分にあたることを立証せられたものである」とある。[37] つまり空海は、「諸仏」の二字は、不二摩訶衍法に限るとし、華厳教主すらまだ因分の仏であることを強調したのである。

つづいて四家大乗（顕教）が因分の立場であり、果分不説であることを次の如く論証していく。

初めに華厳宗。ここでは『華厳五教章』を引き次の如く述べている。華厳一乗の教義を明かすと十門がある。⑴建立如来、⑵教義摂益、⑶叙古今立教、⑷分教開示、⑸乗教開合、⑹教起前後、⑺決択其意、⑻施設異相、⑼義理分斉、⑽所詮差別がそれである。ここでは⑴と⑼を問題としている。⑴の内容を図示すれば次の如くなる。

- 仏教
  - 小乗
  - 一乗教
    - ①三乗教と同時に説かれた一乗教（存三の一乗）
    - ②三乗教と相待して説かれた一乗教（遮三の一乗）
      - （①②）同教一乗
    - ③五教の中には円教にあたり、仏の自覚内容を直に説いた教（直顕の一乗）
      - 別教一乗
        - 性海果分
        - 縁起因分

ここでは教判としての因果二分を明かしており、「性海果分」の境界は、仏自覚それ自体の境界であるので、因分の可説に対して不可説であるとする。これに対し「縁起因分」は、この境界を知らせるために説いた無礙哲学（普賢の境界ともいう）つまり華厳の法門であるとする。

ついで⑼義理分斉では、その内容を①三性同異義、②六義為因縁起、③十玄縁起無礙法、④六相円融義の四門に分けている。

今はその内③を問題とし、華厳教理の法界縁起にまた因果二分あることを明かしている。そして因分可説、果分不可説の義は華厳宗の教理であり、この可説・不可説が、龍猛菩薩の『釈論』の因果二分の教義と一致するとしている。すなわち空海の喩釈に、

●例30(38)

喩曰。十地論及五教性海不可說文。與二彼龍猛菩薩不二摩訶衍圓圓性海不可說言一懸會。所レ謂因分可說者顯教分齋。果性不可說卽是密藏本分也。何以知レ然金剛頂經分明說故。有智者審思レ之。

喩して曰く、『十地論』及び五教の性海不可説《しょうかいふかせつ》の文と、彼の龍猛菩薩の不二摩訶衍の円円《えんえん》性海不可説の言と、懸《はる》かに会《かな》えり。所謂《いわゆる》因分可説とは顕教の分斉《ぶんざい》なり。果性不可説といっぱ、即ち是れ密蔵の本分なり。何を以てか然か知るとならば、『金剛頂経』に分明《ふんみょう》に説くが故に、有智《うち》の者、審《つまび》らかに之を思え。


とあり、この義をはっきりと明かしており、因分可説は顕教、果性不可説は密教と明確に示している。

次に天台宗。天台大師の『摩訶止観』第三を引いて、空・仮・中の三諦を論じている。すなわち空

がそのまま仮であり、仮がそのまま中であるというように、この三諦は互いにとけあっている（円融）が故に、人智では思議することができない。しかしそれを衆生の縁に応ずるために説くと、随情説（凡夫のために説いた教）と随情智説（一乗の人のために説いた教）と随智説（ただ仏のみが知っている教）との三つを出ない、としてつづいて随情の三諦と随智の三諦を詳しく説明していく。結論としては、空海は喩釈において、

●例31(39)

喩曰。此宗所観不レ過二三諦一。一念心中卽具二三諦一。以レ此爲レ妙。至レ如二彼百非洞遣四句皆亡。唯佛與佛乃能究盡一。此宗他宗以レ此爲レ極。此則顯教關楔。但眞言藏家以レ此爲二入道初門一不二是祕奥一。仰覺薩埵不レ可レ不レ思。

喩して曰く、此の宗の所観《しょかん》は三諦に過ぎず。一念の心中に即ち三諦を具《ぐ》す。此を以て妙《みょう》とす。彼の「百非洞遣《びけん》四句皆亡、唯仏与仏乃能究尽《ゆいぶつよぶつないのうくうじん》」の如くに至っては、此宗他宗、此を以て極《ごく》とす。此則ち顕教関楔《かんけつ》なり。但し真言蔵家《け》には此を以て入道の初門と為す。是れ秘奥《ひおう》にはあらず。仰覚《ぎょうかく》の薩埵《さった》、思わずんばあるべからず。

とある。つまり天台宗の観ずるところは、三諦の理にすぎない。この三諦の理を一念の心中に具有する。その境地を妙なるものというのである。これは天台宗等の顕教のかなめの境地である。だが空海は、この立場を「入道の初門」とするのである。

次に法相宗。唐慈恩寺の窺基法師の『二諦義章』を出している。真と俗との二諦にそれぞれ四重がある。世俗諦の四名とは、⑴世間世俗諦、⑵道理世俗諦、⑶証得世俗諦、⑷勝義世俗諦の四つ。勝義諦の四名とは、⑴世間勝義諦、⑵道理勝義諦、⑶証得勝義諦、⑷勝義勝義締の四つである。

ついで『二諦義章』からの引用文を二回出しているが、二回とも勝義勝義諦の説明文である。すなわち勝義勝義諦を説明して、「その体が絶妙であり、あらゆる言説を離れている」「すべての法を超えたるものである」「聖智の内証の境地であり、さきの四種の世俗諦よりも超過している」また「あらゆる安立を超えたもの」「あらゆる詮談の旨趣を廃する一真法界をいう」としている。つまり勝義勝義諦は、仏果であって、法相宗はこれを究竟としているのである。空海はこれを果分不可説と説き、龍猛菩薩の因果二分可説・不可説の教と一致するというのである。空海の喩釈に、

●例32(40)

喩曰。此章中勝義勝義廢詮談旨聖智内證一眞法界體妙離言等。如レ是絶離卽是顯敎分域。言因位人等四種言語皆不レ能レ及。唯有二自性法身一以二如義眞實言一能説二是絶離境界一。是名二眞言祕敎一。金剛頂等經是也。

喩して曰く、此の章の中の「勝義勝義廃詮談旨《じ》聖智内証一真法界体妙離言等」といっぱ、是の如くの絶離は即ち是れ顕教の分域《ぶんいき》なり。言《いわ》く因位の人等の四種の言語、皆及ぶこと能わず。唯し自性法身《じしょうほっしん》のみ有《い》まして如義真実の言を以て

能く是の絶離の境界《きょうがい》を説きたもう。是れを真言《しんごん》秘教《ひきょう》と名づく。『金剛頂』等の経、是れなり。

とあるのは、そのことである。

次に三論宗。まず『大智度論』第五を引いて八不と無生忍を説く。文中に「是の如く等は、諸もろの戯論を捨滅して、言語道断し深く仏法に入る。心通無碍にして不動不退なるを無生忍と名づく『是れ助仏道の初門なり」とある。(41)ここでは三論の教えを「助仏道の初門」といっている。

つづいて『大智度論』第三一を引き、有為の相無為の相を論じている。この有為・無為が別のものではなく一体であることを覚る、この境地を「入仏法の初門」であるとしている。

つづいて『般若燈論』釈観涅槃品第二五、釈観邪見品第二七を引いているが、これらは果分を説いたものではない（果分不可説）ことを示すものである。三論の結論は、空海の喩釈に、

●**例33**(42)

喩曰。今依二斯文一。明知中観等息二諸戯論一寂滅絶離以為二宗極一。如レ是義意皆是遮情之門。不二是表徳之謂一。論主自斷二入道初門一。有レ意智者留レ心九二思之一。

喩して曰く、今斯の文に依らば、明らかに知んぬ。中観等は諸戯論を息《やめ》て寂滅絶離なるを以て宗極《しゅうごく》とす。是の如くの義の意《こころ》は、皆是れ遮情《しゃじょう》の門なり。是れ表徳《ひょうとく》の謂《いい》にはあらず。論主自ら入道の初門と断じたまえり。意《こころ》有らん智者、心を留めて之を九思《きゅうし》せよ。

とある。すなわち、三論は遮情の法門〈顕教〉であり、表徳の法門ではない。『大智度論』の論主龍猛菩薩自らも「入道の初門」と断定しているのである。そしてここが『釈論』の因果二分の判教と一致すると説くのである。

以上四家大乗をみてきた。いずれの宗の教義も『釈論』の因果二分と一致し、果分不説を説くのが四家大乗〈顕教〉であるとの結論となっている。

次に『二教論』ではつづいて果分可説を論証していく。まず『大智度論』第三八を引くが、空海は喩釈文の中で、四家大乗の果性不可説は、密教の俗諦であるとしている。ついで『釈論』第二を引いて、五種の言説のなかの第五番目の「如義の語」と一〇種の心量の中の第一〇番目の「一々識心」は真実の理を知ることができる。このことは『釈論』の中で説くところである、としているのである。

以上は、四家大乗を因位としてみていく立場と、その因位と果位の問題を『釈論』をとおして解説している空海の解釈をみたのである。

第八節　第九極無自性心の立場

さて、空海の因果論は、弁証法的展開によって成り立っていることを明らかにした。十住心体系の各住心の位置づけは、まさにこの方法であるといえる。十住心体系を密教の立場からみて重視すべきポイントの一つは、顕教の究極的立場である第九住心の位置づけとその内容である。空海が考える第九住心の最も基本的立場を示すと、「九種住心無自性、転深転妙皆是因とは、此の二句は、前の所説の九種の心は皆至極の仏果に非ずと遮す。九種とは、異生抵羊心乃至極無自性心是なり」(43)の文である。第一住心から第九住心までの九種の住心は、各々の位にとどまらずしてみな因である、とは従来説いてきた九種の住心が、みな至極の仏果でないことをいっている。ここでいう至極の仏果とは、第十秘密荘厳住心のことである。

顕教の究極的立場としての第九極無自性心の位置づけは重要である。空海は十住心体系において、因果の関係で、第九住心をとりわけ多く論じているのは、やはりその重要性（顕教の最極としての住心）からであろう。以下この点を検討していく。

●例34(44)『秘蔵宝鑰』

經云。離二有爲無爲界一離二諸造作一離二眼耳鼻舌身意一極無自性心生。等虛空無邊一切佛法依レ此相續生。祕密主如レ是初心佛說二成佛因一。於二業煩惱一解脫而業煩惱具依。

経に云く、有為無為界《ういむいかい》を離れ、諸の造作《ぞうさ》を離れ、眼耳鼻舌身意《げんにびぜつしんに》を離れて極無自性心《ごくむじしょうしん》生ず。等虚空無辺の一切の仏法、此に依って相続して生ず。秘密主、是の如くの初心をば仏成仏の因と説きたもう。業煩悩に於いて解脱《げだつ》すれども、而《しか》も業煩悩の具依《ぐえ》たり、と。

●例35(45)『二教論』

又中巻十玄緣起無碍法門義云。夫法界緣起乃自在無窮。今以二要門一略攝爲レ二。一者明二究竟果證義一。卽十佛自境界也。二者隨レ緣約レ因辯二教義一。卽普賢境界也。初義者圓融自在一卽一切一切卽一。不レ可レ說二其狀相一耳。如二華嚴經中究竟果分國土海及十佛自體融義等一者卽其事也。

又中巻の「十玄縁起無碍法門義《じゅうげんえんぎむげほうもんぎ》」に云く、夫れ法界の縁起は乃ち自在無窮《じざいむぐう》なり。今要門《ようもん》を以て略摂して二と為す。一には究竟果証《くぎょうかしょう》の義を明かす。即ち十仏の自境界なり。二には縁に随い因に約して教義を弁ず。即ち普賢の境界なり。初の義といっぱ、円融自在《えんにゅうじざい》にして一即一切、一切即一なり。其の状相《じょうそう》を説くべからずのみ。『華厳経』の中の究竟果分の国土海及び十仏の自体融義等の如きは、即ち其の事《じ》なり。

例36[46]　『秘蔵宝鑰』

逐使就㆓覺母㆒以發心歸㆓普賢㆒而證果。三生練行百城訪㆑友。一行行㆓一切㆒一斷斷㆓一切㆒。雖㆑云㆓初心成㆑覺十信道圓㆒。因果不㆑異經㆓五位㆒而馳㆑車。相性不㆑殊渾㆓十身㆒而同歸。斯則華嚴三昧之大意。

遂《つい》使《い》んじて、覚母《かくも》に就いて以て発心《ほっしん》し、普賢に帰して証果す。三生《さんしょう》に練行し、百城に友を訪う。一行に一切を行じ、一断に一切を断ず。初心に覚を成じ、十信に道円《どうまどか》なりと云うと雖も、因果異ならずして五位を経て車を馳《は》せ、相性殊《こと》ならずして十身を渾《ひたた》けて同帰す。斯れ則ち華《け》厳三昧《ごんざんまい》の大意なるか。

例37[47]　『般若心経秘鍵』

初建者所㆑謂建立如來三摩地門是。色不異空至㆓亦復如是㆒是也。建立如來即普賢菩薩祕號。普賢圓因以㆓圓融三法㆒爲㆑宗。故以名㆑之。又是一切如來菩提心行願之身。

初に「建」といっぱ、所謂《いわゆる》建立《こんりゅう》如来の三摩地門、是れなり。「色不異空《しきふいくう》」というより「亦復如是《やくぶにょぜ》」に至るまで、是れなり。「建立如来」といっぱ、即ち普賢菩薩の秘号なり。普賢の円因は円融の三法を以て宗とす。故《かるがゆえ》に以て之に名づく。又是れ一切如来菩提心行願の身なり。

●**例38**(48)『二教論』

又云。問上言㆔果分離㆑縁不可說相。但論㆓因分㆒者。何故十信終心卽辯㆓作佛得果法㆒也。答今言㆓作佛㆒者。但初從㆓見聞㆒已去。乃至第二生卽成㆓解行㆒。解行終心因位窮滿者。於㆓第三生㆒卽得㆓彼究竟自在圓融果㆒矣。由㆓此因體依㆑果成㆒故。但因位滿者勝進卽沒㆓於果海中㆒。爲㆓是證境界㆒故不可說耳。

又云く、問う、上に果分は縁を離れて不可説の相なり。但し「因分と論ず」と言わば、何が故にか十信《じっしん》の終心《しゅうしん》に即ち作《さ》仏《ぶつ》得《とっ》果《か》の法を弁ずるや。答う、今「作仏」といっぱ、但し初め見聞《けんもん》より已去《いこ》、乃至第二生に即ち解行《げぎょう》を成し、解行の終心に因《いん》位《い》窮《ぐう》満《まん》する者、第三生に於いて即ち彼の究竟自在円融《えんにゅう》の果を得るなり。此の因の体は果に依って成ずるに由るが故に。但し因位満ずる者、勝進《しょうしん》して即ち果海の中に没す。是れ証の境界たるが故に不可説なるのみ。

例34は、『秘蔵宝鑰』中『大日経』からの引用文である。第九極無自性心とは、「有為無為の対立を離れたものである。また造るもの作られるものもない立場である。眼耳鼻舌身意をも離れたものである」とある。文中「秘密主是の如くの初心をば、仏成仏の因と説きたもう」とは、「秘密主よ、是の如くに初心〔の仏たる極無自性心〕をば、秘密の成仏の因であると仏が説かれている」とあり、第十住心に対しては、第九住心は初心（因）であることを説いている。

例35は、『二教論』中『華厳五教章』からの引用文である。この引用文は、法界縁起を明かすにあたって、これに因果二分があり、その内因分は説くことができるが、果分は説くことができないことを述べている。すなわち盧舎那仏の自ら体験せる境界は説くことができない。これに対し、機縁に随がい因位に関連して教義を説いたもの、すなわち華厳一乗の法を実修する普賢菩薩の境界は説くことができる、とある。

例36は、『秘蔵宝鑰』の文である。文中「遂使じて覚母に就いて以て発心し、普賢に帰して証果す」とあるように、善財童子が百城を巡って善知識を訪ねたことを説く。つまり善財童子は初め文殊菩薩について発心し、後に普賢に帰依して仏果を身につけたことを説いている。その普賢の境界とは、華厳一乗の法のことである。

例37は、『般若心経秘鍵』からの引用文である。普賢菩薩は、あらゆる因行を円満している仏である。その因行は、事々と理々と事理との三無礙の円融の法をもって宗要としている。この因行をまた円因と名づけるのである、とする。つまり第九住心華厳教学が、普賢の境界であることを説いている。

例38は、『二教論』の文中にみられる問答文である。問は、果分は縁を離れたところの境界であり不可説の相である。ただ因分のみはこれを論ずることができるという。もしそうであるならば、何故に十信位の終心に作仏して果を得る法を説くのか、とある。答の内容は、因と果とは一体のものであるから、因位に作仏の果を説くことは、この因体の完成が果体の働きかけによって成就するからである。文中に「因位満つるは、勝進して即ち果海の中に没す。是れ証の境界為るが故に不可説なるのみ」とある。因位を成就したものは、勝進して果海の中に没入することになる。この没入するまでの因位の過程は説くことができるが、没入してしまえば、それは証の境界であるから、これを説くことはできない、の意味である。

以上第九住心の位置とその意味内容を説明した。これによって第九住心の因果とは、先の住心の果であると共に、第十住心の因となることが理解できた。この第九住心の境界とは、普賢の境界であるということになるのである。

まとめ

先に、因と果との関係は、十住心体系のなかで順次弁証法的に展開されていることを明らかにした。空海は、第一住心から第九住心において、特に第一住心から順次のぼりつめてきた第九極無自性心を、顕教の究極の教えとして重要視している。この点、因果の問題においては、特に第九住心を問題とし、重点的に論じていることもすでに述べた。

ここでは、空海の因果論とは、つまるところは何なのか、その究極の説明にはいかなる表現が可能なのか、この問題について検討し、まとめとしたい。

●例39[49]　『二教論』

答顯密之義重重無數。若以レ淺望レ深深則祕密淺略則顯也。所以外道經書亦有二祕藏名一。如來所説中顯密重重。若以三佛説二小敎一望二外人説一卽有二深密之名一。以レ大比レ小亦有二顯密一。一乘以レ簡レ三立二祕名一。總持擇二多名一得二密號一。法身説深奧應化敎淺略。所以名レ祕。

答う、顕密の義、重重無数《むしゅ》なり。若し浅《せん》を以て深《じん》に望むれば、則ち秘密浅略は則ち顕なり。所以《ゆえ》に外道《げどう》の経書にも亦秘蔵名有り。如来の所説の中にも顕密重重なり。若し仏小教を説きたもうを以て外人《げにん》の説に望むれば即ち深密の名有り。大を以て小に比すれば亦顕密有り。一乗は三を簡《えら》ぶを以て秘の名を立つ。総持は多名《たみょう》に択《えら》んで密の号を得《う》。法身の説は深奥《じんおう》なり。応化の教は浅略なり。所以に秘と名づく。

●**例40**(50)『二教論』

又應化所説陁羅尼門。雖三是同名二祕藏一。然比二法身説一權而不レ實。祕有二權實一隨レ應攝而已。

又応化所説の陀羅尼門は、是れ同じく「秘蔵」と名づくと雖も、然《しか》も法身の説に比すれば権《ごん》にして実《じつ》にあらず。秘に権実有り、応《まさ》に随って摂すべしまくのみ。

●**例41**(51)『吽字義』

今以二佛眼一觀レ之。佛與二衆生一同住二解脱之床一。無レ此無レ彼無二平等。不增不減周圓周圓。既無二勝劣增益之法一。何有二上下損減之人一。是名二汙字實義一。

今仏眼《ぶつげん》を以て之を観ずるに、仏と衆生と同じく解脱の床に住す。此《これ》も無く彼も無く無二平等なり。不増不減にして周円周円なり。既に勝劣増益《ぞうやく》の法無し。何ぞ上下損減の人有らん。是れを「汙字の実義」と名づく。

●**例42**(52)『吽字義』

謂是吽字者一切如來誠實語。所レ謂一切諸法無因無果本來淸淨圓寂義。是故纔發㆓菩提心㆒。卽坐㆓菩提道場㆒轉㆓正法輪㆒。由㆓此相應㆒故能證㆓悟一切佛法㆒。念念具㆓薩般若智㆒。直至㆓究竟㆒坐㆓金剛座㆒。

謂く是の吽字は一切如来誠実《じょうじつ》の語なり。所謂《いわゆる》「一切諸法無因無果本来清浄円寂」の義なり。是の故に纔《わず》かに菩提心を発《おこ》せば、即ち菩提道場に坐し正法輪《しょうぼうりん》を転ず。此の相応に由《よ》るが故に、能く一切の仏法を証悟《しょうご》し、念念に薩般若智《さはんにゃち》を具し、直に究竟に至り金剛座に坐す。

●**例43**(53)『即身成仏義』

又云。諸樂㆓欲因果㆒者。非㆔彼愚夫能知㆓眞言眞言相㆒。何以故。說㆔因非㆓作者㆒。彼果則不生。此因因尚空。云何而有㆑果。當㆑知眞言果。悉離㆓於因果㆒。

又云く、諸の因果を楽欲《ぎょうよく》する者、彼の愚夫の能く真言と真言の相とを知るに非ず。何を以ての故に。因は作者《さしゃ》に非ずと説けば、彼の果も則ち不生《ふしょう》なり。此の因因すら尚《なお》し空なり。云何《いかん》が果有らんや。当《まさ》に知るべし、真言の果は悉く因果を離れたり。

例39は、顕密の義を示したところである。この顕密という考え方に「浅と深」「小と大」「応化身と法身」という関係があるとする。「深」「大」「法身」は秘密、「浅」「小」「応化身」は顕略であるとしている。つまり外道の教書にも秘蔵の名があっても不思議ではなく、また如来の所説のなかにも顕密の名がみられる、とする。この考えは直接に「因と果」を述べたものではないが、これまで述べてきた因果の関係と同じ考え方である。

例40も**例39**に同じ。「秘に権実あり、応に随って摂すべし」とは、秘密に「権と実」との差別がある故に、時に応じ場合に随って対処すべきである。すなわち顕教の中にも、「権と実」の考え方があり、密教の中でも同様であると述べている。

この二例は、顕教・密教という考えには、顕教・密教共にその教えの中に「浅と深」等の上下差別があることをいっている。しかし究極としては、最終的に至りつく「深」が密教だとする。これは因果論において、究極としての果が密教だと説く考えと同じである。だがこの考えでは、究極としての「深」の立場を押し進めても、結局は浅深の上下差別という考え方は残り、いつまでたっても解決できない。この差別という問題をどう処理すればよいのであろうか。

この問題の解決の答えの一つはこうである。すでに述べたように、十住心体系においては、竪「差別」とするに対し、横「平等」という考えを説いている。竪差別・横平等ということは、病気に対する作用として薬は有効だという点では一様に平等であるというのである。だが病気の種類によって、薬は違って与えねばならぬ点では、当然薬は差別せねばならない。つまり空海が顕教とする教えは、各住心に対応して苦を抜く点で、さまざまな病気に適合する医薬と同様であるというのである。だが横平等の立場において、各住心の差別は浄化され、各住心は各住心なりに、その立場で救いが得られるのである。

次に、因果においていっても、弁証法的に因果を突き詰めていっても、常にそこに因果の関係は残る。この問題はどう考えればよいのであろうか。

例41の文中に「今仏眼を以て之を観ずるに、仏と衆生と同じく解脱の床に住す」とある。今仏の心眼をもって観察すると、仏も衆生もともに生死を解脱する床に住している、と。すなわち「仏眼をもてば」、すべてが無二平等であることを述べている。つまり「浅と深」の関係を、どこまでも竪に弁証法的に突き進めていくことは重要であるが、仏眼をもてば仏と衆生の竪の浅深関係はなくなり、同じく「解脱の床に住す」すなわち覚りのなかに住している、と述べている。

因果においても同様である。その結論は**例42**に、「所ㇾ謂一切諸法無因無果本来清浄円寂の義なり」とある。つまり吽字は、あらゆる因果の対立を超えたる境地を示すものであり、清浄円寂の義である。「因と果」は、一般論としては、常に浅深の流れのなかで、弁証法的にたどっていくものである。だが究極的立場からいえば、この考えをさらに発展させ、菩提を求める心を起すや否や、直ちに菩提の道場に坐したままで、「因と果」の境界を越えてしまう、とするのである。

例43は、「当に知るべし、真言の果は、悉く因果を離れたり」とある。ここでは、もろもろの固定せる因と果を楽欲するものは外道である。真書の字義実相からいえば、因というも、その因はあらゆる対立を離れたものである。だから因に対する果を作るものではない。つまり因すらすでに空であるから、その因に対する固定の果などはあるべきはずがない。「まさに知るべし。真言の果は、ことごとく因果を超越したるものであることを」となる。ここにおいて空海は、密教の因果とは、因果を超越したところの因果であることを強調している。これが究極としての密教の因果論である。

ただ最後に一言しておきたいことがある。それは空海の因果論の基本は、十住心体系のなかにおいて、各住心での矛盾をふまえて、各住心において統一をくり返しながら、順次高まっていく境地を述べている。筆者はこれを弁証法的であると書いた。確かに絶対性を信じ、対立・矛盾をとおして更に高い境地に進むという運動・発展は、弁証法的であり、十住心体系もこの思索と一致するものである。しかしどちらかといえば弁証法的思考は、第九住心までを考える上では、類似した思考であるといえる。第十住心においては、空海は真理の絶対性なる境地そのものを明らかにしている。すなわち**例39・例40・例41・例42**はその境地を示したものである。ここにいたっては、つまり第十住心では、高まりゆく境地の階梯、求道心の進化発展の過程は必要ではなくなる。第十住心では物の対立・矛盾は問題とはならない。つまり弁証法的思索も必要でない。とすると、今十住心的な思索は、弁証法的な方法とは似かよった考え方ではあるが、一致するということではない。

十住心体系の宗教性という論理の展開から速断するならば、弁証法的思索は、むしろ世間道内の論理のなかにとどめて扱う内容かもしれない。密教の生成発展の思想は、あくまでも宗教心の問題であり、その浄心の相続し生成すること、つまり「心続生」の問題である。なにも弁鉦法的な思索にたよらなくとも、空海教学の第一資料である『大日経』そのものに「心続生の相は、諸仏の大秘密なり。

外道は識ること能わず[54]」と説いている。

以上によって、空海教学における因果論を説き終えた。

註

（1）『全集』第一輯（以下同じ）四四八―四四九頁。
（2）『全集』四五二頁。
（3）『全集』四九八頁。
（4）『全集』四五〇頁。
（5）『全集』四四三頁。
（6）『全集』四四二―四四三頁。
（7）『釈論』は大正三二、六〇一頁下。空海の文章中全く同文の箇所は、次のところにみえる。『二教論』巻上（『全集』四七九頁）、『十住心論』第九（『全集』三九四―三九五頁）、『釈論指事』上（『全集』六一四―六一五頁）。
なお第三章の項においても、第二節「機根」の問題の根拠は、『釈摩阿衍論』が中心資料となっている。このことは第三章**例8**を参照されたい。
（8）『全集』四七四頁。
（9）『全集』四八二頁。
（10）『全集』四七六頁。

（11）『二教論』（『全集』四七九頁）に「八種本法従二因縁一起。応二於機一故。順二於説一故。何故応レ機。有二機根一故。如レ是八種法諸佛所レ得耶。諸仏所レ得。得二於諸仏一。不故。菩薩二乗一切異生亦復如レ是。修行種因海是焉。所以者何。有二機根一故。有二教説一故」とある。本文註（7）参照。

（12）『全集』四八一頁。

（13）『全集』四八二頁。

（14）『全集』五三三頁。

（15）『全集』四二三頁。

（16）「縁」という内容が具体的に述べられているのは次の一例のみ。「又云。三密金剛以爲二增上縁一能證二毘盧遮那三身果位一。如レ是經等皆説二此速疾力不思議神通三摩地法一」（『即身成仏義』『全集』五一五頁）。これは『五秘密儀軌』（大正二〇、五三九頁上）からの引用文である。ここでは三密が縁となり、密教の果を得ることを述べている。

（17）『全集』五三五頁。

（18）『全集』五三六頁。

（19）『全集』五三七頁。

（20）『全集』五三八頁。

（21）『全集』五四〇―五四一頁。

（22）『全集』五三六―五三七頁。

（23）『全集』五三六頁。

（24）『全集』四二〇頁。

(25)　『全集』四四五―四四六頁。

(26)　同じ表現が他にもみられる。「十二因縁指二生滅於麟角一。四諦法輪驚二苦空於羊車一」（『般若心経秘鍵』『全集』五五五頁）。

(27)　「縁覚は第五住心にあたり、十二因縁を修する」とする例は他にもみられる。「四二者唯蘊無我抜業因種是也。是即二乗三摩地門也」（『般若心経秘鍵』『全集』五五九頁）。「縁覺鹿車無二言説一部行麟角類不同因縁十二深観念　修二習百劫一具二神通一」（『秘蔵宝鑰』『全集』四四七―四四八頁）。「唯蘊遮レ我八解六通。因縁修レ身空智抜レ種」（『秘蔵宝鑰』『全集』四一八頁）。

(28)　『全集』四四六頁（経云は大正一八、三頁中）。

(29)　『全集』四四六―四四七頁（釈云は大正一九、五四七頁上・中）。

(30)　『全集』四四八頁（経云は大正一八、三頁中）。

(31)　『全集』四四八頁。

(32)　『全集』四六〇―四六一頁。

(33)　『全集』四七二―四七三頁。

(34)　『全集』四二五頁。

(35)　『全集』四三一頁。

(36)　『全集』四七八―四七九頁。

(37)　『即身成仏義・弁顕密二教論講義』一四七頁、高井観海著（名著出版発行、昭和五一年複刻版）。

(38)　『全集』四八二頁。

(39)　『全集』四八三頁。

(40)『全集』四八五頁。
(41)『全集』四八五頁。
(42)『全集』四八七頁。
(43)『全集』四七二頁。また第十秘密荘厳住心の最初に全く同じ内容が韻文で説かれている。「九種住心無自性　転深転妙皆是因　真言密教法身説　秘密金剛最勝真」(『全集』四六五頁)。
(44)『全集』四六二頁。
(45)『全集』四八〇—四八一頁。
(46)『全集』四六一頁。
(47)『全集』五五八頁。
(48)『全集』四八一—四八二頁。
(49)『全集』五〇四—五〇五頁。
(50)『全集』五〇五頁。
(51)『全集』五四一頁。
(52)『全集』五五二頁。
(53)『全集』五一七頁。
(54)大正一八、一二頁上。

終　章（結　語）

一概に空海密教の源流といえば、思想としての空海密教の源流は、『大日経』『金剛頂経』『菩提心論』等が、資料としての原書であるといえよう。しかし思想のみの空海密教ではなくして、人間空海即空海密教であるとの考えが大切である。こう考えると、人間空海を作り出したもの、いわば人間としての空海の動きの源流となっているものが問題となってくる。それは空海自身の素養にある。つまり素養そのものとしての中国古典の研究が必要である、と筆者は考える。空海と中国古典（儒教・道教・文学等）との関係は、本書とは別に論じてある。

次に空海の密教思想の展開とは、これまた同じく、密教の思想のみの展開ではなく、人間空海の動きのなかの密教思想の展開である。本書は、この問題を中心に述べてある。

筆者は本書の序論で、空海を次のように述べた。空海が覚証した密教とは、如来の内証を説いたものである。つまり如来の内証を覚証した空海が、覚った境地から、自らの覚りを披露したものである、と。空海が覚った覚りの論理と構造は、本書第三章・第四章で述べた。

結語では、如来の内証という点について、今一度深めておきたい。

一般的解釈では、『般若心経』は、『大般若経』を略出したものであるとする。ところが空海は、『般若心経秘鍵』において、「大般若波羅蜜多心経とは、即ち是大般若菩薩の大心真言三摩地法門なり」という。ここが空海の覚証した立場からの説き方なのである。

空海は『般若心経秘鍵』の「分別諸乗分」において、『般若心経』の中には、建（華厳）、絶（三論）、相（法相）、二（声聞・縁覚）、一（天台一乗）の教えが説かれていると解釈している。なぜこのような解釈ができるのであろうか。これについて空海は、如来の三摩地門からみるからだ、とする。以下順次これを示せば、「建」に相当する『般若心経』の部分は、普賢菩薩の三摩地門が説かれている、とする。また「絶」に相当する『般若心経』の部分は、文殊菩薩の三摩地門が説かれている、とする。同様に「相」に相当するところは、弥勒菩薩の三摩地門が説かれている、とする。「二」に相当するところは、二乗の三摩地門がこれにあたる。「一」に相当するところは、観自在菩薩の三摩地門がこれにあたる、とする。

これら、「建」「絶」「相」「二」「一」の立場を、空海は顕教と呼んでいる。『般若心経秘鍵』の「問答決疑分」をみると、その文中に「問、顕密二教其の旨天《はるか》に懸《はるか》なり。今此の顕経の中に秘義を説く、不可なり」とあり、その答えに「医王の目には、途に触れて皆薬なり。触宝の人は、礦石を宝と見る」とある。つまり古来からの『般若心経』の解釈を、空海は顕教というが、その顕教の中にも秘義を見出すことができる。それは「医王の眼には、途で触れるものことごとくが薬となる」の如くに、秘密眼を開いた者には、『般若心経』がそのまま密教となる、とするのである。この秘密眼を開いた者とは、如来の三摩地を覚証した者のことである。『般若心経秘鍵』とは、この如来の三摩地を覚証した空海が、『般若心経』の中に見出した覚りを披瀝した文なのである。

今一つ、『十住心論』をみておこう。前の『般若心経秘鍵』の場合と同じく、如来の三摩地を覚証した空海の思考そのものが、『十住心論』において、どのように展開されているのかを辿っておきたい。

『十住心論』とは、人間の心を問題とした論文である。この心の住み家を「住心」と呼んで、これを一〇に区分して「十住心」とする。空海は、第十秘密荘厳住心において、『大日経』の説を用いて、菩提とは何かを問題とし、「如実知自心」がそれであるという。そして自ら「此れ是の一句に無量の義を含めり。竪には十重の浅深を顕わし、横には塵数の広多を示す」と説いている。この竪に説く十重の浅深を一〇種とし、その十住心の各説段において、浅略門と深秘門の二門を開き述べていく。空海は、第一より第九住心までの各浅略門を顕教として区分し、詳細に論じている。

今は浅略門の名称だけを記しておくと、第一・第二・第三住心では、十界の中の地獄、餓鬼、畜生、修羅、人間、天上の六道のことが述べられてある。第四住心では声聞乗、第五住心では縁覚乗を述べる。第六住心の浅略の説は、法相の教義にあたるとする。第七住心は三論、第八住心は天台、第九住心は華厳にあてている。

第十住心においては、この住心は専ら深秘門に限ると説く。その冒頭に、「秘密荘厳住心とは、即ち是れ究竟じて自心の源底を覚知し、実の如く自身の数量を証す」とあり、つづいて「所謂、胎蔵海会の曼荼羅、金剛界会の曼荼羅、金剛頂十八会の曼荼羅是也」とある。つまり第十住心とは、曼荼羅の世界であるといっているのである。この曼荼羅の世界とは、「如実知自心」の世界のことである。自分の心を覚証した世界のことである。即ち、如来の三摩地を知った心である。この心を深秘門と名づけるのである。

深秘門の心とは、曼荼羅の大日如来の心ということである。その心は、次の如く展開していく。すなわち第九住心は、普賢菩薩の三摩地門にあたると知るべきである。この普賢菩薩とは、また大毘盧舎那如来の菩提心の一門のことである。同様に第八住心は、観自在菩薩の三摩地門にあたる。第七住心は、文殊師利菩薩の三摩地門にあたる。第六住心は、弥勒菩薩の三摩地門にあたる、となる。これらは共に大日如来の四徳にあたるとし、その境地を各住心の深秘釈で述べているのである。

同様に第五住心縁覚の深秘釈では、縁覚乗の真言を示し、「法界胎蔵に入るを得」とある。第四住心声聞の深秘釈では、「声聞乗即ち是れ仏乗」とある。第三・第二・第一住心では、六道の衆生を挙げるが、まとめて第三住心の深秘釈で、「天人鬼畜等の法門は、皆是秘密仏乗なり」とある。以上によって、如来の三摩地を覚知すれば、各浅略門の住心それぞれが、また如来の三摩地に包み込まれていくことが理解できる。その心の展開を深秘と名づけているのである。そしてこの思考を曼荼羅と名づけるのである。したがって、題名では「十住心」の上に「曼荼羅」の字を置き、「曼荼羅十住心」とする。さらに如来の三摩地の心は知りがたき故に「秘密」の名を冠し、『秘密曼荼羅十住心論』と名づけられたのである。以上は、『十住心論』の総括である。

右に、『般若心経秘鍵』と『十住心論』を出したのは、つまるところ、空海のいう如来の内証とはいかなるものかを述べたいためである。

次に、一般に空海の思想は数珠繫ぎであるといわれる。数珠玉一つ一つは、それのみを見ると一つの玉である。一つの玉だけでは、それを数珠とはいわない。玉と玉を紐で繫いでこそ数珠となる。数珠という型となることによって、数珠という言葉がもつ意味が出てくる。空海の思想も、これと同じものである。本書もまた、各章各節を玉とし、その玉を例示によって詳細に検討すると共に、相互に繫いで、空海という数珠を完成させたものである。

本書は、空海の人間性を知ろうとする者、また空海の思想を知ろうとする者のために、入門書として書いた。しかし一般的な入門書ではない。大学院の教科書としての入門書である。そのために文章も論文形式をとっている。文章の中では専門用語を使用しているため、その意味を理解するのに困難な所も多い。空海に近づくために大いに研鑽していただきたい。

あとがき

私は、昭和四十九年（一九七四）に高野山大学に奉職した。以来研究者として空海を求めて三六年が過ぎた。

空海は、六二歳で亡くなった。しかし空海は、日本列島の中で空海を信仰する人たちにとって、千二百年の間生き続けてきた。それも平安、鎌倉、室町、江戸と各時代の人々に救いを与えながら生きてきた。また私たち研究者にとっては、「密教」という永遠の課題を与えられ、これを研究し続けてきた。信仰においても、研究においても、空海は千二百年生きている。

私は、空海という人間が知りたくなった。四〇年近く研究して今私が言えることは、人間としての空海の原点は、「入唐求法」にある。私はここに注目した。研究を進めていくうちに気づいたことは、空海の言語は「漢字」であった。漢字の中心は、中国である。つまり日本列島のみの言語ではなかった。この当然といえることは、私の研究の原点でもある。空海の素養教養は漢字からきたものである。

漢字をとおして人間空海をみた時、その文章を二つの分野に大別するのが適当であろう。一つは、密教の思想としての文章であり、今一つは、文学としての文章である。これらはいずれも古典としての中国の仏典、文学書の理解なしには、空海の文章は理解できない。

本書は、人間空海を明らかにするために、空海が中国の古典をいかに理解しているか、そしてその古典を自らの文章にどのように用いたのかを検討したものである。

本書を著述しているうちに、また多くのことに気づかされた。その一つは先述したように、空海の時代も現代も、漢字の中心は、やはり中国だという事実である。日本列島ではない。空海の素養教養とその人間性、さらには空海の思想は、日本列島に閉じ込めることはできない。日本列島はあまりにも小さすぎる。これからは、中国を中心とする漢字文化圏に空海を発信していくことが望まれよう。

なお、中国への発信は、現在二つのことを行っている。一つは、空海の漂着地福州霞浦赤岸から西安（唐長安）までの二四〇〇キロを「空海ロード」と命名して、空海の巡礼道を作り上げた。もう一つは、中国において「空海研究会」を創設し、過去六回国際学術シンポジウムを開催した。引き続きこれらを進めていくことが、これからの私の仕事となろう。

本書刊行は、論文としてまとめたものであり、一般書としての出版ではない。出版事情の厳しいなか、本書の出版を快く引き受けてくださった法藏館社長・西村明高氏、編集ならびに校正等でたいへんご苦労をおかけした、編集長・戸城三千代氏に厚く御礼を申し上げます。

二〇〇九年二月吉日

静　慈圓

静　慈圓（しずか　じえん）

1942年、徳島県生まれ。1971年、高野山大学大学院博士課程修了。1974年、大阪大学大学院中国哲学専攻研究生了。1976年、高野山大学講師。1982年、日本印度学仏教学会賞受賞。1984年、「空海・長安への道」訪中団団長として、福洲（赤岸鎮）から西安（青龍寺）までの2400キロを踏破。以後訪中四十数回。この道を精査し、「空海ロード」と名づけ巡礼の道として完成した。1989年、学修灌頂入壇、伝燈大阿闍梨職位を受ける。現在、高野山大学教授。高野山清涼院住職。博士（仏教学）。

著書に、『梵字悉曇』『梵字で書く般若心経』『空海入唐の道』（いずれも朱鷺書房）、『性霊集一字索引』『シルクロードの風』（いずれも東方出版）、『空海密教の源流と展開』（大蔵出版）など。

空海の行動と思想
—上表文と願文の解読から—

二〇〇九年　三月二〇日　初版第一刷発行

著　者　静　慈圓

発行者　西村明高

発行所　株式会社　法藏館
京都市下京区正面通烏丸東入
郵便番号　六〇〇－八一五三
電話　〇七五-三四三-〇〇三〇（編集）
〇七五-三四三-五六五六（営業）

装幀　井上二三夫
印刷　中村印刷
製本　清水製本

ISBN978-4-8318-7375-0 C3015

弘法大師空海と唐代密教 弘法大師入唐千二百年記念論文集	静　慈圓編	六、五〇〇円
空海と最澄の手紙	高木訷元著	三、二〇〇円
空海曼荼羅	宮坂宥勝著	三、一〇六円
密教の学び方	宮坂宥勝著	二、四〇〇円
密教 21世紀を生きる	松長有慶著	一、八〇〇円
聖なるものの形と場	頼富本宏編	九、五〇〇円
わたしの密教 今日を生きる知恵	頼富本宏著	二、〇〇〇円
あなたの密教 明日を生きる手立て	頼富本宏著	二、二〇〇円

法藏館　　価格税別